UTB **3150**

Eine Arbeitsgemeinschaft der Verlage

Böhlau Verlag · Köln · Weimar · Wien
Verlag Barbara Budrich · Opladen · Farmington Hills
facultas.wuv · Wien
Wilhelm Fink · München
A. Francke Verlag · Tübingen und Basel
Haupt Verlag · Bern · Stuttgart · Wien
Julius Klinkhardt Verlagsbuchhandlung · Bad Heilbrunn
Lucius & Lucius Verlagsgesellschaft · Stuttgart
Mohr Siebeck · Tübingen
C. F. Müller Verlag · Heidelberg
Orell Füssli Verlag · Zürich
Verlag Recht und Wirtschaft · Frankfurt am Main
Ernst Reinhardt Verlag · München · Basel
Ferdinand Schöningh · Paderborn · München · Wien · Zürich
Eugen Ulmer Verlag · Stuttgart
UVK Verlagsgesellschaft · Konstanz
Vandenhoeck & Ruprecht · Göttingen
vdf Hochschulverlag AG an der ETH Zürich

Martin Leiner

Methodischer Leitfaden Systematische Theologie und Religionsphilosophie

Vandenhoeck & Ruprecht

Dr. theol. MARTIN LEINER ist Professor für Systematische Theologie
mit Schwerpunkt Ethik an der Universität Jena.

Bibliografische Information der Deutschen Nationalbibliothek

Die Deutsche Nationalbibliothek verzeichnet diese Publikation in
der Deutschen Nationalbibliografie; detaillierte bibliografische Daten
sind im Internet über http://dnb.d-nb.de abrufbar.

© 2008 Vandenhoeck & Ruprecht GmbH & Co. KG, Göttingen
Internet: www.v-r.de
ISBN 978-3-8252-3150-7 (UTB)
ISBN 978-3-525-03624-2 (Vandenhoeck & Ruprecht)

Umschlaggestaltung: Atelier Reichert, Stuttgart
Gesamtherstellung: ⊕ Hubert & Co, Göttingen

ISBN 978-3-8252-3150-7 (**UTB-Bestellnummer**)

Inhalt

1. Vorwort

Wer Theologie studiert, lernt in den exegetischen und historischen Fächern exakt ausgearbeitete methodische Schritte, die man einen nach dem anderen ausführt. Im Proseminar wird meist ein Buch aus der langen Reihe der Lehrbücher der historisch-kritischen Methoden empfohlen, wobei je nach Einstellung des Lehrenden auch neuere Methoden wie literaturwissenschaftliche, soziologische oder psychologische Exegese berücksichtigt werden. In der Praktischen Theologie gibt es immerhin Arbeitsschritte, die vom Text zur Predigt oder von Lernzielen zu Unterrichtsentwürfen führen.

Wer aber Systematische Theologie oder Religionsphilosophie studiert, fühlt sich oft ratlos: Was soll ich eigentlich mit einem Text machen? Gibt es in diesem Fach auch Methoden? Wie komme ich über subjektive Urteile hinaus? Wie komme ich weiter, wenn es mir so geht wie eine Studentin einmal schilderte: „Wenn ich Barth lese, dann denke ich, er hat recht. Lese ich dann Pannenberg, dann denke ich, er hat recht, und wenn ich Schleiermacher lese, dann glaube ich alles, was er sagt. Alle drei widersprechen sich aber. Was soll ich tun?"

Manchmal trifft man auch Systematische Theologen, die aus der Not eine Tugend machen und behaupten, dass es ein besonderer Vorzug der Systematik sei, die Wahrheit nicht durch Methoden fixieren und einschränken zu wollen. An diesem Vorwurf ist zwar manch Bedenkenswertes. Er versteht aber nicht, dass Methoden zunächst einmal nichts anderes sind als Erkenntniswege. Wer sie anwendet, will einen für andere nachvollziehbaren Erkenntnisweg gehen. Wer seine Methoden formuliert, legt seine Vorentscheidungen offen. Diese Vorentscheidungen lassen sich selbst wieder kritisch diskutieren. Methoden sind deshalb keine unhinterfragbaren ideologischen Setzungen, sondern

Gesprächsangebote, gemeinsam einen Erkenntnisweg zu gehen. Der katholische Theologe Bernard Lonergan SJ hat dies sehr schön formuliert: „Method is not a set of rules to be followed meticulously by a dolt. It is a framework for collaborative creativity".[1] Zu einem Weg, Systematische Theologie und Religionsphilosophie als gemeinsame Kreativität zu betreiben, möchte dieses Buch vor allem einladen.

Konkret soll dieses kleine Buch vier Dinge leisten:

1. Es soll Studierenden der Evangelischen Theologie helfen, *sich im Studium der Systematischen Theologie und der Religionsphilosophie zurechtzufinden.* Das Buch ist für sie geschrieben, wenn sie sich Fragen stellen wie: Wie betreibt man Systematische Theologie? Wie gelangt man in Systematischer Theologie und Religionsphilosophie zu tragfähigen Ergebnissen? Gibt es (eine) eigene systematisch-theologische Methode(n)? Wie kann ich sie anwenden? Was muss ich tun, um mir eine eigene religionsphilosophische Auffassung zu erarbeiten?

2. Dieses Buch möchte eine Hilfe sein für alle, die *wissenschaftliche Hausarbeiten* in den Fächern Systematische Theologie und Religionsphilosophie schreiben. Von der Proseminararbeit bis zur Magisterarbeit und Dissertation möchte dieses Buch so etwas wie ein Begleiter sein, in dem man immer wieder nachschlagen kann, wenn man nicht recht weiß, wie man die Arbeit aufbauen soll oder wenn man unsicher ist, wie man weiterarbeiten soll. Das Buch soll auch nützlich sein, wenn man sich am Ende einer längeren Arbeit fragt, ob man keine wichtige Fragestellung vergessen hat.

3. Das Buch ist ein Angebot für Proseminare. Die elf Abschnitte kann man selbst in einem Semester mit zahlreichen Feiertagen gut auf die Proseminarsitzungen verteilen und hat dann immer noch genug Zeit, sich mit dem eigentlichen Seminarthema zu beschäftigen.

4. Dieses Buch möchte im Rahmen des Möglichen die methodische Diskussion in der Systematischen Theologie und in der Religionsphilosophie anregen und weiterführen. Trotz zahlreicher gehaltvoller Beiträge in den letzten Jahren fehlt dieser Diskussion in

---

1 LONERGAN, Bernard, Method in Theology, Toronto 1996, (EA 1972), XI.

Deutschland zumindest bislang der Schwung und die Begeisterung, die gerade diese Thematik verdienen würde.

Ist dieses Buch auch für katholische, jüdische, islamische usw. Theologinnen und Theologen geschrieben?

– Ja, insofern als auch sie sich in ihm informieren und anregen lassen können.
– Ja, insoweit viele Methoden und Inhalte dieser Theologien mit denen der evangelischen Systematischen Theologie identisch sind.
– Nein, insofern als die besonderen Methoden und Inhalte dieser Theologien (wie katholische Dogmenhermeneutik, talmudische oder islamische Interpretationsgrundsätze) nicht behandelt werden.

Das Buch behandelt nacheinander folgende Themen:

1. Vorwort
2. Die Aufgabe des Theologiestudiums
3. Was ist Systematische Theologie (Dogmatik und Ethik)?
4. Systematische Theologie und Religionsphilosophie
5. Wie lese ich einen Text?
6. Wie fasse ich einen Text zusammen?
7. Wie interpretiere ich einen Text?
8. Wie kritisiere ich einen Text?
9. Wie baue ich mir selbst eine systematisch-theologische Auffassung auf?
10. Wie baue ich mir eine religionsphilosophische Auffassung auf?
11. Wie stelle ich meine eigene Auffassung am Geschicktesten dar?

Wer die in diesem Buch vermittelten Fähigkeiten besitzt, kann in den Grundzügen alles, was man methodisch in Systematischer Theologie und Religionsphilosophie können muss. Wer dieses Können vertiefen und erweitern will, kann dies durch eigenes Nachdenken und durch Bücher tun. Deshalb enthält das Buch auch einige Literaturhinweise auf besonders hilfreiche und interessante Werke.

In besonders gekennzeichneten Abschnitten – mit dem Symbol ⓘ – finden sich außerdem Bemerkungen eingestreut zu Themen wie:

1. Allgemeine Hinweise für ein erfolgreiches Studium

2. Transzendentale und anthropologische Argumente in der Religionsphilosophie
3. Die Geltung der Bekenntnisschriften in den evangelischen Kirchen und ihre Bedeutung für die Systematische Theologie
4. Religionskritik
5. Ian Ramseys Analyse der religiösen Sprache
6. Gibt es Fortschritt in der Systematischen Theologie?
7. George Lindbecks Nature of Doctrine und Dietrich Ritschls Rückgriff auf die Alloiosislehre
8. Ein Beispiel für die unterschiedliche Vorgehensweise von Theologie und Religionsphilosophie
9. Leseliste und typische Lesefehler
10. Grundbegriffe der Semiotik
11. Typische Gliederungen für Texte
12. Kennzeichen einer guten Definition
13. Grundfragen des Übersetzens von Texten
14. Argumentation und Logik für Anfänger
15. Grundlagen der Hermeneutik
16. Metaphern und Gleichnisse
17 Zur Sprechakttheorie
18. Die Unterscheidung von Gesetz und Evangelium
19. Paul Tillichs Korrelationsmethode – eine Methode theologischer Kreativität
20. Eine gute Gliederung hat sechs Merkmale

Diese gekennzeichneten Abschnitte kann man einzeln lesen.

Es werden auch die Stellen hervorgehoben, an denen die Systematische Theologie in besonderer Weise auf die Arbeit der anderen theologischen Fächer angewiesen ist („Fachübergreifend gesagt"). Dadurch soll dem Studierenden gleich die Einheit der Theologie deutlich werden.

Worin unterscheidet sich das vorliegende Buch von anderen Einführungen in die Theologie und Religionsphilosophie?

– Durch größtmögliche Kürze der Darstellung,
– dadurch, dass möglichst schnelle Orientierung und Übersichtlichkeit angestrebt wird,
– dadurch, dass wenig Vorwissen vorausgesetzt wird,

– dadurch, dass dennoch philosophische und linguistische Grundbegriffe verwendet werden und

– dadurch, dass sich das Buch an Theologinnen und Theologen wendet. Religionsphilosophie wird nur soweit behandelt, wie es im Theologiestudium zur ersten Orientierung notwendig ist. Für Studierende der Philosophie bieten sich andere Einführungen an.

Bevor es richtig losgeht, bleibt mir noch die schöne Aufgabe des Dankens:

Dieses Buch ist aus zahlreichen Lehrveranstaltungen hervorgegangen, die ich als wissenschaftlicher Mitarbeiter an der Evangelisch-theologischen Fakultät der Universität Mainz und als Professor für Systematische Theologie und religiöse Hermeneutik an der Faculté de Théologie Protestante in Neuchâtel gehalten habe. Meinen Studenten, Lehrern und Kollegen an diesen Fakultäten gehört mein besonderer Dank; ebenso all denen in Jena, die mir bei der Fertigstellung dieses Buches geholfen haben: Marita Klaus, Ina Kowaltschuk, Katrin Stoll und Susan Flämig, Dr. Harald Jung, Dr. Thomas Schlegel, Dr. habil. Hans-Martin Rieger und David Gippner, die das Typoskript gelesen und durch viele Anregungen verbessert haben. Ebenso danke ich sehr herzlich meinem Kollegen Prof. Michael Trowitzsch für freundliche Lektüre.

Als Verfasser dieses Leitfadens freue ich mich über Reaktionen aller Art. Schreiben Sie mir bitte eine E-Mail an: martin.leiner@uni-jena.de.

2. Die Aufgabe des Theologiestudiums

2.1 Warum gibt es Theologie als akademisches Studium?

Die bis heute grundlegende, wenn auch umstrittene und erweiterungs-
bedürftige Antwort auf diese Frage hat ein Theologe des 19. Jahrhunderts gegeben: Friedrich Daniel Ernst Schleiermacher (1768–1834).[2]
Schleiermacher gehört zusammen mit Martin Luther (1483–1546)
und Karl Barth (1886–1968) zu den „großen Drei" der evangelischen
Theologie, das heißt zu den Theologen, die ein ganzes Zeitalter geprägt
haben und die bis heute unvermeidliche Bezugspunkte in allen Diskussionen über Systematische Theologie sind.

In den Diskussionen um Studienreformen an der Universität Halle
und um den Aufbau der Berliner Universität hat Schleiermacher Argumente geltend gemacht, die sich in einer als Buch herausgegebenen
Vorlesung finden, das den Titel trägt: *Kurze Darstellung des theologischen Studiums zum Behuf einleitender Vorlesungen* (kürzerer Name ist:
die *Kurze Darstellung*; 1. Aufl. 1811, 2. Aufl. 1830, 3. Aufl., Leipzig
1910, auf diese Ausgabe beziehen sich die folgenden Seitenangaben).

Jeder Theologiestudierende sollte dieses kleine Büchlein möglichst
frühzeitig und möglichst genau kennen lernen. Hier nur die wichtigsten Grundgedanken in Kürze: Schleiermacher setzt mit einer Definition der Theologie ein:

„§ 1: Die Theologie [...] ist eine positive Wissenschaft". „Positiv"
hat im Sinne Schleiermachers nichts mit Positivismus zu tun, sondern
„positiv" bedeutet im Sinne Schleiermachers „praktisch". Theologie ist
gekennzeichnet durch eine „praktische Aufgabe". Sie steht damit Wis-

---

2 Vgl. Аhme, Michael/Beintker, Michael (Hg.), Theologische Ausbildung in der
EKD. Dokumente und Texte aus der Arbeit der Gemischten Kommission/Fach-
kommission I zur Reform des Theologiestudiums (Pfarramt und Diplom) 1993–
2004, Leipzig 2005. Zahlreiche Texte in diesem universitätspolitisch wichtigen
Band sind von Schleiermachers Verständnis beeinflusst, z.B. 12: „,Theologische
Kompetenz' ist der Inbegriff der Fähigkeiten, die für die auftragsgemäße und
professionelle Führung des Pfarramtes erforderlich sind."

senschaften nahe wie der Medizin, dem Recht oder auch den Ingenieurswissenschaften.

Das heißt: Theologie ist nach der Idee der Wissenschaft kein notwendiger Bestandteil der wissenschaftlichen Organisation. Modern gesprochen: Die Kenntnisse, die für die Theologie notwendig sind, lassen sich Teilen der Kulturwissenschaften wie der Geschichte der Antike, der hebräischen, griechischen und lateinischen Philologie, den Literaturwissenschaften, der Psychologie, der Soziologie, oder auch Teilen der Philosophie, den Kommunikationswissenschaften usw. zuordnen. Sie gewinnen ihre Einheit allein durch den Bezug auf eine praktische Aufgabe. Theologie geht es damit nicht anders als den anderen „positiven Wissenschaften": Die Medizin findet ihre Einheit als Wissenschaft allein durch die praktische Aufgabe des Heilens von Kranken. Ohne diese Aufgabe gehören die für die Medizin nötigen Erkenntnisse zur Biologie des Menschen, zur Mikrobiologie, zur Chemie, zur Psychologie usw. Die Ingenieurswissenschaften werden allein durch die praktische Aufgabe des Baus von Brücken, Industrieanlagen usw. zu einer Einheit. Ohne diese praktische Aufgabe sind die notwendigen Kenntnisse Teile der Physik, der Chemie und der Mathematik.

Wissenschaften nach der Idee des Wissens	*Positive Wissenschaften*
Philosophie	Medizin
Geschichte	Theologie
Physik	Recht
Klassische Philologie	Ingenieurswissenschaften
…	…

2.2 Was ist die praktische Aufgabe der Theologie?

Nach Schleiermacher ist es „die Kirchenleitung […] im weitesten Sinne" (2). Gemeint ist mit dieser Formel Folgendes: Theologie hat die Aufgabe, Pfarrer, Religionslehrer und andere Personen auszubilden, die in der Kirche anregende, lehrende und regelgebende Funktionen wahrnehmen. Da Schleiermacher die evangelische Kirche als eine Gemeinschaft mit einem demokratischen Grundzug versteht, in der jeder in noch so geringer Weise anregend aktiv ist, kann man in seinem Sinne sagen, dass Theologie für jeden Christen von Nutzen ist. Er selbst betont in seiner *Praktischen Theologie* freilich den Gegensatz zwischen Anregenden und Empfangenden in der Kirche und leitet daraus sogar die Theologie ab. Damit hat er seine Theorie unnötigerweise geschwächt und angreifbar gemacht. Kohärenter und auch sachlich richtiger ist die Sicht, dass Theologie für alle Christen von Nutzen ist. Diese Auffassung vertrat auch Martin Luther, auf den der Satz zurückgeht: „Omnes sumus Theologi, heißt ein jeglicher Christ" (WA 41,11). Pfarrer und Lehrer unterscheiden sich nur in folgendem: Wer besondere Aufgaben wie die des Pfarrers oder des Lehrers anstrebt, benötigt Kenntnisse und professionelle Fähigkeiten, die ein bestimmtes Niveau nicht unterschreiten dürfen. Examina haben unter anderem den Sinn, zu prüfen, ob dieses Niveau erreicht ist.

In der Gegenwart wird man über Schleiermacher hinaus in Rechnung stellen müssen, dass sich die soziale Situation der Kirche gewandelt hat. Man wird deshalb Theologie einerseits auf institutionelle Aufgaben in der kirchlichen Organisation, andererseits aber auch auf zahlreiche Kommunikationsaufgaben in unterschiedlichen Öffentlichkeiten beziehen (Interreligiöser Dialog, Ethisch-politische Diskurse, Interdisziplinäre Diskurse usw.). Es ist, wie man mit Recht angemerkt hat, geradezu eine Pflicht, wegen der Universalität Gottes Theologie nicht allein und nicht direkt in den Dienst einer konfessionell gebundenen Kirche zu stellen. Theologie ist „keine Funktion einer gegebenen Kirche, deren eigenes Wohl sie zu legitimieren hätte [...]. Sie ist ein intellektuelles Unternehmen mit hohen Ansprüchen und einer großen Reichweite"[3]. Es geht um nicht weniger als um Gott, der der Welt mit allen ihren politischen, künstlerischen, wirtschaftlichen und anderen Facetten und auch der Kirche immer wieder kritisch und erlösend gegenübersteht. Grundlage dafür, in diesem weiten Horizont aktiv zu werden und über Gott oder sogar von Gott her zu reden, ist eine Klärung des eigenen Glaubens einschließlich der eigenen Zweifel.

Ob und inwiefern Theologie neben dem Glauben auch den Zweifel zu thematisieren hat, wurde und wird kontrovers diskutiert. Während eine Gruppe von Theologen den Zweifel und die aus ihm entspringenden Gedanken lediglich als zu überwindende und kontingent auftretende Kontexte und Gefährdungen der Theologie ansieht (z. B. K.

---

3 GISEL, Pierre, La théologie, Paris 2007, 33.

Barth), vertreten andere Theologen die Auffassung, dass der Zweifel notwendigerweise mit zum Glauben gehört (z. B. P. Tillich[4]) und dass Theologie nur dann zu ihrer Tiefe und Wahrheit gelangt, wenn sie die Anklage an Gott und die Kritik am Christentum bis zu Ende denkt. Ohne persönliche Anfechtung zu erleiden (vgl. M. Luther), und ohne die Religionskritik der Neuzeit ernst zu nehmen, kann man keine Theologie betreiben, die danach fragt, was ich als christliche Wahrheit heute vertreten kann.

Die Antwort auf die Frage, ob Theologie auch den Zweifel einschließen soll, kann nur sein, dass Theologie nicht unabhängig von den Menschen, die sie betreiben und für die sie betrieben wird, gedacht werden kann. Die Gegenwart kennt gegenüber dem christlichen Glauben viele Menschen, die Zweifel und kritische Bedenken haben. Deswegen muss Theologie heute stärker als zu anderen Zeiten auch den Zweifel und sogar den Atheismus mit bedenken.

In unterschiedlichen Formen haben sich in den Jahrzehnten seit den 1960er Jahren mehrere atheistische Theologien herausgebildet: Theologie nach dem Tode Gottes (z. B. D. Sölle), Jesus für Atheisten (M. Machoveč), A/theologie (z. B. M. Taylor) usw. Diese Theologien sollen nicht aus der Theologie ausgeschlossen werden; sie können vielmehr einen Einstieg zu einem vertieften Verständnis des christlichen Glaubens bieten.[5]

2.3 Warum gibt es eine konfessionelle Theologie?

Schleiermachers Ansatz erlaubt es, relativ einfach zu begründen, warum es eine evangelische, eine katholische usw. Theologie gibt. Da sich die theologische Ausbildung auf die Leitung unterschiedlicher, in Organisationsweise und Glaubensanschauungen getrennter Kirchen bezieht, muss dies von Anfang an im Studium berücksichtigt werden.

---

4 Vgl. TILLICH, Paul, Rechtfertigung und Zweifel, in: Theological Writings/Theologische Schriften. Main Works/Hauptwerke, Bd. VI., Berlin/New York 1992, 83–98.

5 Wie dies geschehen kann, zeigt z. B. Jürgen MOLTMANN unter dem Titel „Theologie der Atheisten" in seinem Buch Erfahrungen theologischen Denkens. Wege und Formen christlicher Theologie, Gütersloh 1999, 28–30.

Hierin unterscheidet sich die Theologie von anderen positiven Wissenschaften. Während man sich etwa im Medizinstudium mit der Heilung aller Krankheiten beschäftigt und sich erst später zum Facharzt spezialisieren kann, ist das Theologiestudium von Anfang an auf eine Konfession bezogen. Erweitert man die Sicht Schleiermachers in dem oben beschriebenen Sinne, dann erklärt sich die Existenz konfessioneller Theologie dadurch, dass zwischen den Konfessionen massive Dissense im Grundverständnis von Theologie selbst bestehen. Während die römisch-katholische Theologie an die Dogmen der katholischen Kirche gebunden ist und vom Lehramt legitimiert und kontrolliert wird, legt evangelische Theologie Wert auf die Freiheit der Theologie, gerade auch gegenüber der kirchlichen Administration.

2.4 Was bedeutet die Aufgabe des aktiven Beitrags zum christlichen Glauben für das Theologiestudium?

Theologie ist bezogen auf eine bestimmte Glaubensweise. Deshalb heißt der § 1 der *Kurze[n] Darstellung* Schleiermachers auch in seinem vollständigen Text:

§ 1. Die Theologie in dem Sinne, in welchem das Wort hier immer genommen wird, ist eine positive Wissenschaft, deren Teile zu einem Ganzen nur verbunden sind durch ihre gemeinsame Beziehung auf eine bestimmte Glaubensweise, d.h. eine bestimmte Gestaltung des Gottesbewusstseins; die der christlichen also durch die Beziehung auf das Christentum.

Schleiermacher spricht in dieser Definition zwei mögliche inhaltliche Gestaltungen der Theologie an:

1. Theologie als Glaubenslehre, d.h. eine eher innerliche, wenn man so will: psychologische Konzeption von Theologie und
2. Theologie als Christentumstheorie, d.h. eine eher äußerlich beobachtbare, wenn man so will: soziologische Konzeption von Theologie.

In der *Kurzen Darstellung* verbindet Schleiermacher beide Möglichkeiten. Er macht aber deutlich, dass die Kenntnis des Christentums für ihn auf alle Fälle keine bloß empirische Beschreibung sein kann, sondern, dass die Theologie sich bemühen muss, das Wesen des Christentums zu erfassen. Schleiermacher fordert sogar, dass jeder Theologe stets damit beschäftigt sein soll, das Wesen des Christentums immer besser zu bestimmen.[6]

Dabei ist er sich dessen bewusst, dass in jeder Wesensbestimmung auch ein aktives Element, eine Wesensgestaltung liegt (vgl. § 67). Diese Erkenntnis hat Ernst Troeltsch (1865–1923) in dem berühmten Aufsatz *Was heißt Wesen des Christentums?* (1903/13) mit allen Konsequenzen herausgearbeitet.

Während Schleiermacher die Forderung der Wesensbestimmung für jeden Theologen aufstellt, ist ihm gleichzeitig deutlich, dass kein Theologe in allen Fächern der Theologie Meisterschaft entwickeln kann (vgl. § 14). Deshalb muss Theologie als gemeinschaftliches Unternehmen mit interner Interdisziplinarität organisiert werden. Um diese zu verwirklichen, muss jeder Theologe zumindest Grundkenntnisse in allen Fächern der Theologie erwerben. Als relevante Fächer haben sich in Abwandlung des Schleiermacherschen Entwurfs die fünf klassischen Fächer der Theologie etabliert: Altes Testament, Neues Testament und Kirchen- und Theologiegeschichte sind historisch, zum Teil auch literaturwissenschaftlich arbeitende Fächer, der Gegenwart vorwiegend zugewandt sind Systematische und Praktische Theologie, wobei die Systematische Theologie aus Dogmatik und Ethik besteht.

2.5 Welche Kriterien folgen aus Schleiermachers Theologieverständnis für ein sinnvolles Studium?

Aus Schleiermachers Ausführungen folgen vier Kriterien, um erfolgreich Theologie zu studieren. Diese Kriterien sind auch wichtig, um größere theologische Arbeiten zu beurteilen. Nur wenn alle vier Kriterien erfüllt sind, kann man einer solchen Arbeit theologische Relevanz zuerkennen.

---

6 Vgl. „§ 21. Es gibt kein Wissen um das Christentum, wenn man, anstatt sowohl das Wesen desselben in seinem Gegensatz gegen andere Glaubensweisen und Kirchen, als sich das Wesen der Frömmigkeit und der frommen Gemeinschaften im Zusammenhang mit den übrigen Tätigkeiten des menschlichen Geistes zu verstehen, sich nur mit einer empirischen Auffassung begnügt."(8f)

1. Das _praktische Kriterium_: Ein Theologiestudium soll in vielen Fällen auf die praktischen Aufgaben der Berufsbilder Pfarrer, Lehrer usw. ausgerichtet sein. Das heißt: Durch eigene Anschauung (Praktika, Gespräche mit Menschen, die bereits im Beruf stehen, usw.) sollte man, wenn man Pfarrer/in oder Religionslehrer/in werden will, eine realistische Sicht des Berufs haben oder nach Krisen wiedergewinnen. Gelungene Gemeindepraktika können viele Sorgen nehmen und Lust auf den Beruf machen. Der Blick auf die Praxis kann auch helfen, relevantere Lehrveranstaltungen von weniger relevanten zu unterscheiden.

> **Fachübergreifend gesagt**
>
> Im Blick auf die Einheit der Fächer der Theologie heißt das: Auf alle Fälle macht der Blick auf die Praxis deutlich, dass die Praktische Theologie eine wichtige orientierende Funktion für alle Fächer der Theologie, auch für die Systematische Theologie besitzt.

Eine Gefahr zu starker Praxisorientierung besteht umgekehrt darin, dass man die Aufgabe der Selbstbildung und die Notwendigkeiten des Sich-Auseinandersetzens mit persönlich wichtigen Themen nicht hinreichend wahrnimmt oder besondere Begabungen und Freude an nicht direkt praxisrelevanten Themen vernachlässigt. Eine weitere Gefahr der übertriebenen Praxisorientierung ist die Überbetonung von Sekundärfähigkeiten (wie lautes Singen und Reden).

2. Das _Wesenskriterium_: Ein Theologiestudium soll immer wieder darauf ausgerichtet sein, sich das Wesen des Christentums – einfacher ausgedrückt: das, was wesentlich im Christentum ist – zu verdeutlichen. Nur wer dies tut, verliert sich nicht zwischen Keilschrifttäfelchen, Investiturstreit, Seelsorgekonzepten und den Meinungen berühmter Theologen ohne selbst eine eigene Theologie zu entwickeln. Gerade dies ist aber entscheidend: Nur wer eine eigene Theologie entwickelt und sagen kann, warum sie oder er evangelische Theologin oder evangelischer Theologe ist, wird mit Befriedigung studieren.

3. Das *externe Interdisziplinaritätskriterium*: Da die theologischen Kenntnisse nach der Idee des Wissens zu anderen Wissenschaften gehören oder zumindest mit ihnen verwandt sind, sollte man darauf achten, dass das, was in der Theologie vermittelt wird, nicht hinter den Maßstäben der Bezugswissenschaften zurückbleibt. Man besuche trotz Modulsystem Lehrveranstaltungen in den Nachbardisziplinen und bemühe sich darum, dass sie in der Theologischen Fakultät anerkannt werden. Nur so kann man wirklich von einer Universität mit allen ihren Fakultäten profitieren und die unterschiedlichen Arbeitsweisen und Mentalitäten in anderen Wissenschaften kennenlernen. Nicht zuletzt kann man prüfen, ob der Philosophieprofessor Anderes und Besseres über einen Denker zu sagen weiß als der Systematische Theologe, ob der katholische Exeget nicht überzeugendere Auslegungen bietet als sein evangelischer Kollege usw. In den Nachbarfächern findet man mit etwas Glück zahlreiche Anregungen; man wird aber auch darauf aufmerksam, dass eine anspruchsvolle Übersetzungs- und Denkarbeit zu leisten ist, damit die Erkenntnisse der anderen Wissenschaften in der Theologie integriert werden können und mit ihren anderen Grundbegriffen, ihren anderen Prioritäten und ihrem besonderen Wirklichkeitsverständnis kompatibel werden.

4. Das *interne Interdisziplinaritätskriterium*: Schleiermacher betont mit Recht, dass niemand sich alle Fächer der Theologie in gleicher Gründlichkeit aneignen kann. Es ist deshalb sinnvoll, sich nach seinen Begabungen und Interessen mehr oder weniger deutlich in Richtung eines Faches der Theologie zu orientieren und sich gleichzeitig eine ausgeglichene Allgemeinbildung in allen Fächern zu verschaffen. Typische Studierfehler sind die Vernachlässigung bestimmter Fächer oder auch ein flächiges Studieren ohne jede Vertiefung in einem Gebiet. Während der erste Fehler durch Studienordnungen und Modulsystem weitgehend verschwunden ist, scheint der zweite Fehler immer mehr zuzunehmen – mit fatalen Folgen für die Vielfalt der theologischen Kompetenzen in einem Pfarrkonvent oder einem Lehrerkollegium.

Allgemeine Hinweise für ein erfolgreiches Studium

Außer den im Anschluss an Schleiermacher entwickelten Kriterien eines erfolgreichen theologischen Studiums gibt es natürlich eine Reihe anderer Hinweise, die für jedes Studium zutreffen.

Das wichtigste Kriterium heißt: *Man darf sich im Studium nicht überfordern.* Es gibt immer Studierende und Lehrende, die meinen, man müsse sehr, sehr viel gelesen und gelernt haben. Manche tun auch bloß so, als hätten sie im ersten Semester bereits alle zwölf Bände der Kirchlichen Dogmatik von Karl Barth durchgearbeitet. Manche Professoren erwecken den nicht gerade hilfreichen Eindruck, die Studierenden müssten sich fast ebenso viel mit ihrem Fach beschäftigen wie sie selbst. Von all dem darf man sich keine Angst einjagen lassen. Kein Mensch kann und soll sich das alles aneignen, es sei denn, er mache dieses Teilgebiet der Theologie zu seinem Beruf oder zu seinem besonderen Interessengebiet. Allen überzogenen Forderungen halte man Schleiermacher entgegen, der im § 14 der *Kurzen Darstellung* schreibt: „Niemand kann die theologischen Kenntnisse in ihrem ganzen Umfange vollständig innehaben, teils weil jede Disziplin im einzelnen ins Unendliche entwickelt werden kann, teils weil die Verschiedenheit der Disziplinen eine Mannigfaltigkeit von Talenten erfordert, welche einer nicht leicht in gleichem Grade besitzt" (5 f.).

Das zweite Kriterium ist *die richtige Balance zwischen Leben und Studium.* Man darf nicht zu viel, aber auch nicht zu wenig Zeit hinter den Büchern, in Vorlesungen oder am Computer verbringen. Man muss auch leben, Sport treiben, Freundschaften und Familienleben pflegen, reisen, sich unterhalten, lachen, musizieren, Bilder malen, anderen helfen, Abenteuerlust ausleben, jobben oder was auch immer. Manche haben in der Studienzeit auch noch schwerere Probleme (Krankheiten, belastende Familiensituationen, enge Frömmigkeitsprägungen usw.) zu bewältigen. Für solche Probleme muss Zeit eingeplant werden.

Ein drittes Kriterium lautet: *Man wechsele den Studienort und zwar am besten mindestens einmal ins Ausland.* Eine alte Universitätsweisheit lautet: Jeder gute Wissenschaftler braucht mindestens zwei wichtige Lehrer, die ihn prägen. Wer nur einen Lehrer hat, wird leicht zu einem bloßen Anhänger oder gar Nachbeter. Auch wenn Universitätswechsel erschwert werden, lohnt es sich, andere Orte und damit andere Denkweisen und Mentalitäten kennen zu lernen. Manch einer leidet unter so manchen Eigenschaften der deutschen Theologie und kehrt völlig begeistert aus einem Studienjahr in den USA zurück. Nicht wenigen tut es gut, zu sehen, dass es auch Formen des Christentums außerhalb der Universität der eigenen Landeskirche gibt.

Weitere Kriterien und Hinweise lernt man in *Ratgebern zur Arbeitsorganisation, zur gesunden Lebensweise oder zur Selbstmotivation*.

2.6 Wie konzipiert Schleiermacher seine Theologie?

Kehren wir von diesen praktischen Hinweisen wieder zurück zu Schleiermacher und seiner Wesensbestimmung des Christentums. Schleiermacher bestimmt das Wesen des Christentums in seiner Schrift: *Der christliche Glaube nach den Grundsätzen der evangelischen Kirche im Zusammenhange dargestellt* (kürzerer Name: *Die Glaubenslehre*, 1. Aufl. 1822/3, 2. Aufl. 1830, als 7. Aufl. kritisch hg. v. Martin Redeker, Berlin 1960; auf diese Ausgabe beziehen sich die Paragraphenzählungen im Folgenden). Wie der Name Glaubenslehre besagt, geht Schleiermacher von einer eher „psychologischen" Grundlegung der Theologie im Glauben des Einzelnen aus.[7] Alle Sätze der Dogmatik können als Aussagen über die innere Erfahrung, über die Eigenschaften Gottes oder über Zustände der Welt formuliert werden. Unter diesen Formen sind die Aussagen über die „innere Erfahrung" die „dogmatische Grundform", während alle anderen aus ihnen abgeleitet sind (vgl. § 30.2). Schleiermacher erwägt sogar, dass man die anderen Aussagen aus der Dogmatik eliminieren könnte. „Wenn nun alle der

---

7 Zur Rechtfertigung der Bezeichnung des schleiermacherschen Konzepts als psychologisch vgl. HERMS, Eilert, Die Bedeutung der „Psychologie" für die Konzeption des Wissenschaftssystems beim späten Schleiermacher, in: Ders., Menschsein im Werden. Studien zu Schleiermacher, Tübingen 2003, 173–199.

christlichen Glaubenslehre angehörigen Sätze in der Grundform unstreitig ausgedrückt werden können, und Sätze, welche Eigenschaften Gottes und Beschaffenheiten der Welt aussagen, doch erst auf Sätze von jener Form zurückgeführt werden müssen [...] so scheint es, dass die christliche Glaubenslehre nur jene Grundform folgerichtig auszuführen habe, um die Analyse der christlichen Frömmigkeit zu vollenden, dass sie die beiden andern aber als überflüssig gänzlich beiseite stellen könne."(§ 30.3.) Schleiermacher entscheidet sich aber dagegen, weil auch die anderen Sätze in der Geschichte und in der Kirche üblich sind.

Als für die Religion grundlegende innere Erfahrung hält Schleiermacher fest, dass der Mensch sich selbst nie absolut aktiv fühlen kann, sondern dass alle seine Aktivitäten auf eine zugrunde liegende Passivität zurückverweisen. Schleiermacher spricht von einem absoluten oder, wie er sagt, „schlechthinnigen" Gefühl der Abhängigkeit, das jeder Mensch notwendigerweise hat. Kein Mensch hat sich selbst geschaffen, kein Mensch hat die Gegenstände der Welt aus dem Nichts geschaffen. Der Mensch ist geworfen in das Dasein, er verdankt sich einem Zusammenhang, der größer ist als alles, was er aktiv bearbeiten kann. Schleiermacher geht davon aus, dass dieses Gefühl der schlechthinnigen Abhängigkeit die Grundlage aller Frömmigkeit ist. „§ 4. Das Gemeinsame aller noch so verschiedenen Äußerungen der Frömmigkeit, wodurch diese sich zugleich von allen andern Gefühlen unterscheiden, also das sich selbst gleiche Wesen der Frömmigkeit, ist dieses, dass wir uns unserer selbst als schlechthin abhängig, oder, was dasselbe sagen will, als in Beziehung mit Gott bewusst sind." Gott ist das „von woher" unseres Abhängigkeitsgefühls.

Schleiermacher konkretisierend wird man sagen können: Das Gefühl der schlechthinnigen Abhängigkeit äußert sich als Dankbarkeit für etwas, das größer ist als alles, was man zurückgeben könnte (das ist der ursprüngliche Sinn des lateinischen Wortes pietas), manchmal sicher auch als Klage über den Zustand der Welt, in die man geworfen ist.

Die schlechthinnige Abhängigkeit führt zu einer doppelten religiösen Erfahrung. Sie ist zum einen eine ständige Realität, zum anderen wird sie in bestimmten Augenblicken besonders erfahren. In diesen Augenblicken geht das schlechthinnige Abhängigkeitsgefühl eine Verbindung mit sinnlich gegebenen Gegenständen der Welt ein. Romantisch kann man an Naturerscheinungen wie das Meer, das Hochgebirge oder den Nachthimmel denken. Schleiermacher denkt mehr an Erscheinungen des Menschenlebens, die Anlässe religiöser Erfahrung werden.

Diese allgemeinen Grundlagen seiner Religionstheorie sind für jeden Menschen vorauszusetzen. In der Sprache Kants hat man gesagt: Sie gelten *a priori*, d. h. notwendig und allgemein. Sie sind transzendentale Grundlagen der Religion, d. h. das schlechthinnige Abhängigkeitsgefühl und die doppelte religiöse Erfahrung sind Bedingungen der Möglichkeit menschlichen Erlebens und Verhaltens, die für jeden Menschen vorausgesetzt werden können. Sie sind „nicht etwas Zufälliges […] noch auch etwas persönlich Verschiedenes, sondern ein allgemeines Lebenselement" (§ 33). Schleiermacher geht so weit, zu behaupten, dass Atheismus „Wahn und Schein" (§ 33.2.) oder mangelhafte bzw. gehemmte Entwicklung ist.

In diesem religionsphilosophischen Rahmen bestimmt Schleiermacher das Christentum durch kritischen Vergleich mit anderen Religionen als eine monotheistische Glaubensweise, bei der alles auf die durch Jesus vollbrachte Erlösung bezogen wird. Zu dieser Definition fügt er noch als ergänzende Differenz zum Judentum und Islam hinzu, dass das Christentum eine teleologische Art der Frömmigkeit ist, d. h. eine Frömmigkeit, die auf ein Ziel, ein Handeln, das das Reich Gottes verwirklicht, ausgerichtet ist. „§11. Das Christentum ist eine der teleologischen Richtung der Frömmigkeit angehörige monotheistische Glaubensweise, und unterscheidet sich von andern solchen wesentlich dadurch, dass alles in derselben bezogen wird auf die durch Jesum von Nazareth vollbrachte Erlösung". Da alle anderen Formen von Religion wie Polytheismus oder nicht teleologische Frömmigkeitsformen niedere Entwicklungsstufen oder Religionen sind, ist es die normale Entwicklung aus ihnen zum Christentum überzutreten.

Transzendentale und anthropologische Argumente in der Religionsphilosophie

Schleiermachers Rede von dem notwendig und allgemein im Menschen vorhandenen Gefühl schlechthinniger Abhängigkeit ist ein

Beispiel für transzendentale Argumente. Transzendentale Argumente sind im Zeitalter der Religionskritik besonders beliebt, weil sie eine gewisse Versicherung dafür darstellen, dass das, womit sich Religionsphilosophie und Theologie beschäftigen, allgemeinmenschliche Relevanz hat. Grundlage dieser Argumente ist stets die menschliche Vernunft (Kant) oder das menschliche Selbstbewusstsein (Schleiermacher). Transzendentale Argumente suchen Bedingungen auf, die den alltäglichen Gebrauch von Vernunft und Bewusstsein immer schon begleiten. Diese Bedingungen sind häufig „unthematisch" (Karl Rahner), das heißt sie werden im Alltag oft während längerer Zeit nicht eigens thematisiert. Gleichzeitig sind diese Bedingungen notwendig, um überhaupt ein (nicht verworrenes) menschliches Bewusstsein oder einen (nicht verworrenen) menschlichen Vernunftgebrauch zu ermöglichen. Neben dem Gefühl schlechthinniger Abhängigkeit kann man als weitere transzendentale Argumente etwa nennen:

- der Verweischarakter der menschlichen Sinnsuche; man sucht stets größeren und umfassenderen, letzten Sinn,
- die Notwendigkeit einer Instanz, die Subjekt und Objekt, Welt und Bewusstsein noch einmal zu einer Harmonie bringt,
- die in der Erkenntnis von jedem Endlichen als endlich unthematisch mitgesetzte Realität des Unendlichen, Umgreifenden,
- das Postulat einer Gerechtigkeit, die über die in dieser Welt vorliegende Ungerechtigkeit hinausgeht, usw.

Ausgearbeitete transzendentale Argumente findet man außer in der Tradition von Kant und Schleiermacher, auch bei den katholischen Theologen und Religionsphilosophen Maurice Blondel, Karl Rahner und Bernard Lonergan, der theologische Methode als transzendentale Methode verstanden wissen will. Dass diese Argumente nicht bloß akademischen Charakter haben, sondern im Leben zahlreicher Menschen immer wieder thematisch werden, zeigt der Soziologe Peter Berger in seinem Buch, *Die Spuren der Engel*.

Transzendentale Argumente sind eine Form anthropologischer Argumente. Zu letzteren gehören auch zahlreiche andere Überlegungen, die auf Wissenschaften wie Biologie oder auf die Neurowissenschaften zurückgehen. Areale im Gehirn, die bei religiösen Gefühlen aktiv sind,[8] bestimmte genetische Sachverhalte, die auf eine protokulturelle Vererbung von Religionsdispositionen schließen lassen, sensible Phasen für religiöse Entwicklung in der Jugendzeit, paläoanthropologische Beobachtungen über das gleichzeitige Entstehen von Kunst und Religion und andere Erkenntnisse könnten in den nächsten Jahrzehnten zu einem Erklärungsmodell zusammenwachsen, das uns verstehen lässt, warum zahlreiche Menschen Religion nur sehr selten in ihrem Leben thematisch werden lassen, während sich bei noch zahlreicheren Menschen das Religiöse immer wieder als eine lebensbestimmende Orientierung durchsetzt.

2.7 Zur Kritik an Schleiermacher

Die Konzeption von Theologie, die Schleiermacher entwickelt hat, beeindruckt bis heute zahlreiche Theologen, die in seinem Sinne Theologie betreiben. Sie hat nach wie vor große Stärken, weil sie Religion allgemein plausibel macht und christliche Theologie anschlussfähig im Gesamtzusammenhang moderner Wissenschaft und Gesellschaft verortet.

Dennoch gibt es Kritiken an Schleiermacher, die nicht so einfach zu bearbeiten sind, wie es durch die Erweiterung des Begriffs der Kirchenleitung zu religiöser Kommunikation oder durch die Erweiterung des Gegenstandsbereiches auf das Ganze der Wirklichkeit bereits getan wurde. Nun kommen die beiden anderen unter den großen Drei der evangelischen Theologie mit ins Spiel: Karl Barth und Martin Luther. Karl Barth (1886–1968) sah Anfang der zwanziger Jahre, dass eine theologische Arbeit aus kirchlichem Pragmatismus und Wesensbestimmung des Christentums schnell zu einem mehr oder minder in sich abgeschlossenen Betrieb werden kann. Was fehlt, ist die Anerkennung dessen, dass Gott als „der ganz Andere" die Netze unserer zu kleinen, beherrschbaren Ideen zerreißt. Man braucht eine Öffnung zu Gott und

---

8 Vgl. dazu als Einführung Eibach, Ulrich, Gott im Gehirn? Ich – eine Illusion? Neurobiologie, religiöses Erleben und Menschenbild aus christlicher Sicht, Wuppertal 2006.

seinem souveränen Wort hin. Das Kriterium der Wesensbestimmung des Christentums muss deshalb ergänzt werden durch die Aufgabe, stets neu vom Wort Gottes ausgehend, das Wort Gottes zu sprechen.

Im Laufe der Entwicklung des Barthschen Werkes und den Arbeiten seiner Schüler wird die Anfrage immer deutlicher, ob Schleiermacher Gott, als in Jesus Christus Mensch und damit Gegenstand der Welt geworden, wirklich zentral bedenken kann. Gottes Lebendigkeit, seine Reaktionen auf das Verhalten der Menschen, all das sind für Schleiermacher bloß poetische und nicht wörtlich zu nehmende Ausdrucksformen der stets gleichen religiösen Erfahrung schlechthinniger Abhängigkeit. Die Trinitätslehre als Abschluss der Dogmatik, die Sünde als bloße Hemmung des Gottesbewusstseins und die Erlösung als von Christus als Urbild des wahren Menschen ausgehend, sind von Schleiermacher zu blass entwickelt worden.

Auch Schleiermachers ursprüngliche Stärke, seine Anschlussfähigkeit an andere Wissenschaften wurde im 20. Jahrhundert fragwürdig. Hat Theologie nicht ein eigenes Wirklichkeitsverständnis? Muss sie nicht alle ihr wesentlichen Begriffe selbst entwickeln? Was nimmt sie damit gleichzeitig auf, wenn sie Begriffe aus der Religionsphilosophie oder der Psychologie übernimmt?

Die Kritik an Schleiermacher war zeitweise im 20. Jahrhundert auch darum so scharf, weil auch ein Element der Theologie Martin Luthers (1483–1546) gegen ihn ins Feld geführt wurde. Luther betonte gegenüber einer Gruppe, die er als „Schwärmer" kritisierte, dass nicht die innere Erfahrung, sondern nur das äußere Wort, die aus der Heiligen Schrift kommende Zusage Gottes, die Grundlage der Heilsgewissheit und des Glaubens sein kann. Alle eigene innere Erfahrung kann schwankend sein. Unseres eigenen Glaubens können wir uns gar nicht so sicher sein, dass wir darauf eine Theologie aufbauen sollten, wohl aber können wir dem von Gott gegebenen Wort vertrauen. Obwohl Luthers Theologie auch andere, mehr die mystische Erfahrung betonende oder zumindest deren Begrifflichkeit aufnehmende Elemente enthält, glaubten im 20. Jahrhundert nicht wenige Theologen mit Barth, dass man die gesamte Theologie anders aufbauen müsse, als Schleiermacher es getan hatte. Ungerecht war an dieser Kritik freilich, dass manchmal übersehen wurde, dass nach Schleiermacher das Wort und die Predigt den Glauben an Christus und die Erlösung vermitteln.[9] Misslich an der Schleiermacherkritik der Theologie nach 1920 war auch, dass ausgerechnet Barth mit seiner missverständlichen Rede von der „Theologie als Funktion der Kirche" (Leitsatz zu § 1 der *Kirchlichen Dogmatik*) Anlass zu einem Rückzug der Theologie aus ihrem Weltbezug in den kirchlichen Binnenbereich gab. Nicht wirklich getroffen wird Schleiermacher schließlich auch von dem Vorwurf, die berufspraktische Orientierung stehe im Gegensatz zu Theologie als Reflexion. Auch die Orientierung auf den Beruf verlangt kritische Distanznahme zum kirchlichen, akademischen und religiösen Handeln in seiner Unmittelbarkeit.

Literaturempfehlungen

BERGER, Peter, Auf den Spuren der Engel. Die moderne Gesellschaft und die Wiederentdeckung der Transzendenz, Freiburg i. Br. [4]2001.

FISCHER, Hermann, Friedrich Daniel Ernst Schleiermacher, München 2001. (Ist auf alle Fälle hilfreich als Einführung zu Schleiermachers Denken, da Schleiermachers Texte schwer zu lesen sind. Man darf sich aber nicht abschrecken lassen. Schleiermacher genau zu lesen und zu studieren lohnt sich!)

GISEL, Pierre, La théologie, Paris 2007. (Eine sehr zu empfehlende, da anders als dieses Buch ausgerichtete Einführung in die Theologie.)

MOLTMANN, Jürgen, Erfahrungen theologischen Denkens. Wege und Formen christlicher Theologie, Gütersloh 1999, bes. 11–84. (Eine schöne, persönlich gehaltene Einführung in die Theologie.)

SCHLEIERMACHER, Friedrich, Kurze Darstellung des theologischen Studiums zum Behuf einleitender Vorlesungen (kritische Ausgabe hg. v. Heinrich Scholz, Leipzig [3]1910), Darmstadt 1973. (**)

SCHLEIERMACHER, Friedrich, Der christliche Glaube nach den Grundsätzen der evangelischen Kirche im Zusammenhange dargestellt. (*) (Unterschiedliche Ausgaben der zweiten Auflage sind möglich. Dieses Buch sollte man nicht im Grundstudium näher betrachten. Man studiert es leichter und besser in der zweiten Hälfte des Studiums.)

SEIWERT, Lothar J./KÜSTENMACHER, Werner Tiki, Simplify your Life. Einfacher und glücklicher Leben, 1. Taschenbuchauflage, München 2008. (Würde ich zur Arbeitsorganisation empfehlen.)

9 Vgl. dazu GL §§ 121.2 und bes. 133. Zu dieser überzogenen Schleiermacherkritik vgl. BRUNNER, Emil, Die Mystik und das Wort. Der Gegensatz zwischen moderner Religionsauffassung und christlichem Glauben dargestellt an der Theologie Schleiermachers, Tübingen [2]1928 (stark veränderte Auflage).

Aufgaben

1. Nennen Sie zwei bisher nicht erwähnte Wissenschaften nach der Idee des Wissens und zwei positive Wissenschaften!

2. Erläutern Sie inwiefern Jura, Agronomie und Pharmazie „positive" Wissenschaften im Sinne Schleiermachers sind.

3. Die schleiermacherschen Kriterien für das Studium der Theologie kann man auch auf einzelne theologische Arbeiten anwenden. Sie sind dann ein Kriterium für Relevanz und gute Durchführung einer Arbeit. Was ist zum Beispiel zu halten von:
   – Einer Arbeit über die Kirche, die rein theologisch vorgeht?
   – Einer Arbeit über die soziale Situation eines Kirchenvaters?
   – Einer Arbeit über die Geschichte der Exegese der Paulusbriefe im 19. Jahrhundert?
   – Einer ganz psychoanalytisch ausgerichteten Arbeit zur Seelsorge?

3. Was ist Systematische Theologie (Dogmatik, Ethik und Kombinatorische Theologie)?

3.1 Definition und Einführung in die Dogmatik

Obwohl unterschiedliche Konzeptionen von Theologie vertreten werden, kann man auf dem heutigen Diskussionsstand eine wohl allgemein akzeptable Definition von Systematischer Theologie formulieren. Sie kann folgendermaßen lauten:

___ **Definition 1** _____

> Systematische Theologie ist eine <u>Wissenschaft</u>, die durch bestimmte, methodisch durchgeführte Akte des Wahrnehmens, Imaginierens und Denkens an Glaubensaussagen dazu beitragen soll, sich aufgrund der Offenbarung Gottes in Jesus Christus <u>besser im Leben (Ethik) und im Glauben (Dogmatik) zu orientieren.</u> Sie arbeitet vorrangig mit Texten und erfüllt kritische und kreative Funktionen.

Diese Definition beschreibt wissenschaftliche Theologie. Neben der Theologie als Wissenschaft gibt es auch Theologie im weiteren Sinne als Rede (noch weiter: als jede Form der Darstellung) von Gott, etwa den Lobpreis Gottes in einem kirchlichen Hymnus (oder die bildliche Darstellung Christi in einer Ikone). In diesem Sinne soll in diesem Buch nicht von Theologie geredet werden.

Auf dem Weg über die Erläuterung der einzelnen Elemente der Definition werden wir gleich eine Reihe von Grundkonzeptionen innerhalb der heutigen Theologie kennen lernen. Dabei konzentrieren wir uns zunächst auf die Themen: Glaubensaussage und theologische Aussage und Orientierung und beginnen zunächst nur mit dem Thema Dogmatik.

Theologie bezieht sich zwar dem Wortsinn nach unmittelbar auf Gott, sie ist Logos, vernünftige, sich dem Widerspruch aussetzende und argumentierende Rede von Gott.[10] Da der transzendente und unsichtbare Gott, zumindest Gott der Vater, nicht unmittelbar Gegenstand wissenschaftlicher Forschung sein kann, muss sich Theologie auch auf andere, besser zugängliche Gegenstände beziehen. Hierzu liegen unterschiedliche Ansätze vor:

Der Begründer der modernen Theologie, Friedrich Schleiermacher, hat eine sehr dezidierte Auffassung darüber, welche Sätze für die Glaubenslehre relevant sind. Er schreibt: „Christliche Glaubenssätze sind Auffassungen der christlich frommen Gemütszustände in der Rede dargestellt." (GL § 15) Dogmatische Sätze sind eine Teilmenge dieser Sätze, nämlich solche, die belehrend sind: „Dogmatische Sätze sind Glaubenssätze von der darstellend belehrenden Art, bei welchen der höchst mögliche Grad der Bestimmtheit bezweckt wird". (GL § 16) Dogmatik sollte eigentlich eine Beschreibung der christlich frommen Gemütszustände des Menschen sein (vgl. GL § 30).

Ausgeschlossen werden von Schleiermacher alle metaphysischen, naturwissenschaftlichen und historischen Aussagen. Naturwunder, die Existenz der Engel und des Teufels, die Auferstehung als historisches Faktum, die metaphysische Begrifflichkeit in der Trinitätslehre (Substanz, Person usw.) sind aus diesen Gründen keine direkten Gegenstände der Glaubenslehre. Sie können darum auch niemandem als notwendige Inhalte christlichen Glaubens zugemutet werden.

Wie wir bereits im 2. Kapitel gesehen haben, hat sich gegen diese Auffassung im 20. Jahrhundert eine andere Auffassung vom Gegenstand der Theologie geltend gemacht. Nicht fromme Gemütszustände, sondern das Wort Gottes soll Gegenstand der Theologie sein. In einer Situation, in der persönliche Gläubigkeit und Introspektion in Frage gestellt werden, bietet der Ansatz bei für jeden hörbar ausgesprochenen Worten der Verkündigung einen objektiveren und besser durchführbaren Ansatz. Zumindest erscheint dies den Vertretern dieser Theologiekonzeption so. Karl Barth, der Autor, der vor allem für diesen Ansatz steht, definiert am Beginn seines Hauptwerkes *Kirchliche Dogmatik*: „Dogmatik ist als theologische Disziplin die wissenschaftli-

---

10 Zu diesem Verständnis von Logos vgl. LEINER, Martin, Mythos – Bedeutungsdimensionen eines unscharfen Begriffs, in: HÖRNER, V./LEINER, Martin, Die Wirklichkeit des Mythos. Eine theologische Spurensuche, Gütersloh 1998, 30–56.

che Selbstprüfung der christlichen Kirche hinsichtlich des Inhalts der ihr eigentümlichen *Rede von Gott* (Hervorhebung M.L.)".[11] In § 4 unterscheidet Barth drei Gestalten des Wortes Gottes, das verkündigte, das geschriebene (= Bibel) und das geoffenbarte Wort (letztlich = Christus). Obwohl bei Barth damit eine weitere Sicht als der Bezug auf das gesprochene Worte vorliegt, denkt er das Thema der Theologie weitgehend vom Wort aus.[12]

Die Konzentration der Theologie auf das Wort findet sich auch bei zahlreichen anderen Theologen, nicht nur bei Barth und den anderen großen Vertretern der Wort-Gottes-Theologie Emil Brunner (1889–1966), Rudolf Bultmann (1884–1976) und Friedrich Gogarten (1887–1967). Vom Wort Gottes gehen im 20. Jahrhundert auch hermeneutisch orientierte Konzeptionen (z. B. G. Ebeling) und sprachanalytisch inspirierte Theologie aus (z. B. I. Ramsey, G. Lindbeck oder D. Ritschl). Um die Wende zum 21. Jahrhundert wird die Wortorientierung der Theologie oft betont erweitert um Phänomene wie die Anrede durch die Schöpfung (O. Bayer, von Lüpke) oder durch umfassende semiotische Konzeptionen, die statt von Worten von Zeichenprozessen ausgehen. Dabei werden auch nichtsprachliche Zeichen mit einbezogen (z. B. H. Deuser).

Neben diesen beiden Konzeptionen des Gegenstandes der Dogmatik Sätze des Glaubens oder Sätze der Verkündigung, gibt es noch eine dritte, in der Gegenwart wichtige Vorstellung vom Gegenstand der Systematischen Theologie. Systematische Theologie soll historische bzw. historisch-soziologische Wissenschaft werden. Gegenstand der Theologie ist dabei nach dem Modell von Wolfhart Pannenberg (geb. 1928) die Universalgeschichte, wie sie von Jesus Christus erschlossen wird. Da in Jesus Christus und seiner Auferstehung das Ende der Geschichte sich bereits ereignet hat, ist der Sinn der Geschichte teilweise bereits durch ihn enthüllt. Die Totalität des Sinns von Geschichte ist jetzt schon im Prinzip zugänglich. Da jedes Ereignis der Geschichte

---

11 BARTH, Karl, Die Kirchliche Dogmatik. Die Lehre vom Wort Gottes. Prolegomena zur Kirchlichen Dogmatik, Bd. I/1, München 1932, 1.

12 Dass diese drei Gestalten des Wortes Gottes bis in die Anfänge der zwanziger Jahre zurückverfolgt werden können, zeigt SCHLEGEL, Thomas, Theologie als unmögliche Notwendigkeit. Der Theologiebegriff Karl Barths in seiner Genese (1914–1932), Neukirchen 2007.

nur von einer solchen Sinntotalität aus letztgültig verstanden werden kann, kann das Christentum eine tiefere Sicht von Geschichte entwickeln als es profane Historik vermag.

Neben diesem dezidiert christlichen Geschichtsverständnis, gibt es aber auch Theologiekonzeptionen, die bewusst den Anschluss an nichttheologische, soziologische und historische Methodik betonen. In Deutschland am einflussreichsten ist die Konzeption von Systematischer Theologie als Christentumstheorie. Sie geht auf Anregungen von Ernst Troeltschs (1865–1923) großem Werk *Die Soziallehren der christlichen Kirchen und Gruppen* (1912) zurück und wird am Anfang des 21. Jahrhunderts vor allem von Trutz Rendtorff (geb. 1931), Friedrich-Wilhelm Graf (geb. 1948), dem Lausanner Systematiker Pierre Gisel (geb. 1947) und deren Schülern vertreten. Diese Gruppe von Theologen hat nicht nur die von theologischer Seite bei weitem aufschlussreichsten Analysen der Rolle der Religion in der Gegenwart vorgelegt,[13] sie ist auch für Kapitel Vier dieses Buches deshalb besonders wichtig, weil sie in einer aufschlussreichen Weise im Übergang zwischen Systematischer Theologie und Religionsphilosophie arbeitet.

Unter Einbeziehung der Naturgeschichte kann Theologie auch von der menschlichen Geschichte weitergehen und im weiten Horizont der Evolutionstheorie entfaltet werden. Pierre Teilhard de Chardin (1881–1955) und in Deutschland der Neutestamentler Gerd Theißen (geb. 1943) sind Vertreter dieser Sicht.

Auf dem Weg über die Geschichte als der umfassenden Dimension des Lebens gelangt Paul Tillich (1886–1965) zu einer Theologie, die das Sein als Ganzes thematisiert. Diese geschichtlich-ontologische Konzeption macht Theologie zu einer Theorie der gesamten Wirklichkeit, bei der es schwer fällt, bestimmte Sätze oder Themenbereiche als nicht zur Theologie gehörig abzugrenzen. Mehr oder weniger hat alles mit Theologie zu tun; darin liegt die Stärke, aber auch die Problematik dieses Ansatzes. Wie den auf Geschichte rekurrierenden Theologien können den die Ontologie betonenden Ansätzen Totalansprüche vorgeworfen werden. Dasselbe gilt auch für die mehr das Werden als das Sein zur Grundlage machende Prozesstheologie, obwohl Gott dort nicht wie bei Schleiermacher, Pannenberg oder Tillich als alles bestim-

---

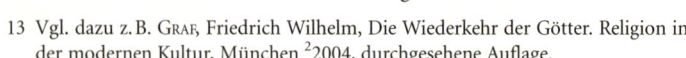

13 Vgl. dazu z. B. GRAF, Friedrich Wilhelm, Die Wiederkehr der Götter. Religion in der modernen Kultur, München ²2004, durchgesehene Auflage.

mende und alles wirkende Wirklichkeit, sondern als jemand, der der Welt kreative Möglichkeiten zuspielt, angesehen wird.[14] Umgekehrt lautet die Kritik an der auf individuelle Glaubenserfahrung oder auf das Wort bezogenen Theologie häufig, dass es nur um seelische Befindlichkeiten oder um bloße Worte, nicht aber um Wirklichkeiten gehe. Der Streit zwischen diesen Auffassungen war um die Mitte des 20. Jahrhunderts heftig und fand seinen Ausdruck in polemischen Bezeichnungen, die ungerecht und nicht weiter zu zitieren sind, die man sich aber dennoch merken sollte:

— Gegen die Grundlegung bei der Glaubenserfahrung polemisierte Karl Barth mit dem Wort der Pisteologie (von gr. πιστις, der Glaube).
— Gegen die Grundlegung beim Wort Gottes wurde die Formulierung des 19. Jahrhunderts erneuert, es handele sich um eine Theologie der Rhetorik und nicht um eine Theologie der Tatsachen.
— Gegen die Theologie der Universalgeschichte polemisierte Gerhard Ebeling mit der Rede von ihrem totalitären Anspruch.

Trotz ihres polemischen Charakters hat man in diesen drei Polemiken wichtige kritische Anfragen, die man an die jeweiligen Konzeptionen stellen kann.

Mit diesen drei Ansätzen, bei der individuellen Glaubenserfahrung, beim Wort und bei der Geschichte haben wir drei Grundformen von Theologie kennen gelernt. Auch wenn es Übergänge zwischen den drei Grundformen[15] und mögliche Synthesen gibt, so ist die gleichzeitige

---

14 Zu dieser sehr interessanten und in zahlreichen Fragen eine Alternative zur traditionell-europäischen Ontologie bildenden Theologie vgl. Cobb, John B./Griffin, David R., Prozess-Theologie. Eine einführende Darstellung, Göttingen 1979 und Cobb, John B., The Process Perspective. Frequently Asked Questions about Process Theology, St.Louis 2003.

15 Typische Beispiele für solche Übergänge sind Rudolf Bultmann und Gerhard Ebeling, die die Wortorientierung (Kerygma) mit der Orientierung an der individuellen Existenz bzw. am individuellen Glauben zu verbinden suchten. Neuere Beispiele sind Ingolf Dalferth, der von der Wortorientierung aus im Anschluss an den analytischen Philosophen Quine die ontologische Relativität der Rede von Gott thematisiert hat, oder auch Eilert Herms, der von Schleiermacher ausgehend ontologische Fragen immer wieder unter dem Titel des Wirklichkeitsverständnisses thematisiert hat. Von einem barthschen Ansatz kommend ist Michael Welker zu einem spezifisch christliche Begriffe bildenden soziologischen Ansatz übergegangen. Es fällt bei allen diesen Entwicklungen auf,

Existenz dieser drei Grundformen von Theologie (mit ihren Unterformen) die Hauptursache für die Zersplitterung der gegenwärtigen Theologie.

Schematisch kann man sich die drei Gestalten von Theologie folgendermaßen vorstellen:

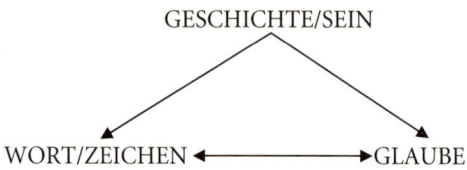

Man kann auch Tabellen anlegen und die Autoren zuordnen:

Gegenstand der Systematischen Theologie	Varianten	Klassische Vertreter	Vertreter um 2000
Glaube		F. Schleiermacher	E. Herms
Wort	a. Wort-Gottes-Theologie b. Hermeneutische Theologie c. Sprachanalytische Theologie d. Semiotische Theologie	a. K. Barth b. R. Bultmann, G. Ebeling c. I. Ramsey d. Ch. S. Peirce	a.–b. E. Jüngel a.–c. I. Dalferth c. D. Ritschl d. H. Deuser
Geschichte/ Sein	a. Universalgeschichtliche Theologie b. Christentumstheorie c. Evolutionäre Theologie d. Ontologische Theologie	a. Augustinus-Hegel b. E. Troeltsch c. P. Teilhard de Chardin d. Thomas v. Aquin	a. Pannenberg b. T. Rendtorff c. G. Theißen d. (schon älter: P. Tillich)

dass die Tendenz der Entwicklung in Richtung der dritten Konzeption geht, wobei eine gewisse Zuspitzung auf Wort und Glaube bestehen bleibt. Unter den klassischen Autoren hat J. G. Herder am weitesten in Richtung einer Synthese vorgedacht (E. Herms, M. Buntfuß und U. Barth).

Da die Entscheidung zwischen diesen Konzeptionen schwer zu treffen ist, ist es für jemanden, der Dogmatik lernt, tröstlich, dass er diese Entscheidung bis zur Abfassung einer eigenen Dogmatik weitgehend zurückstellen kann. Für den Studierenden reicht es, mit der Unterschiedlichkeit dieser Konzeptionen vertraut zu sein und sich auf folgenden Sachverhalt zurückzuziehen: Dogmatisch arbeiten heißt, Arbeiten mit Texten, sei es mit Texten, die bereits bestehen, sei es mit Texten, die man selbst verfasst. Gehen wir deshalb einfach einmal davon aus, dass wir Aussagen und Texte haben, die sich selbst als theologisch verstehen und die wir als theologische Texte beurteilen wollen. Wie dies geschehen kann, wird uns bei der Behandlung der Frage, wie Systematische Theologie Orientierung schaffen kann, deutlicher.

3.2 Orientierung am Konfessionellen, am Biblischen, an Christus

Orientierung heißt in unserer Definition, sowohl den eigenen Ort im Leben und Glauben besser zu finden (Lokalisierung), als auch die im Glauben und im Leben begegnenden Phänomene beurteilen zu können. Solche Beurteilungen werden auf der Grundlage von Differenzen vollzogen, die man auch als „Leitdifferenzen" der Theologie bezeichnen kann. Leitdifferenzen der historischen Fächer innerhalb der Theologie sind: historisch zuverlässig/historisch unzuverlässig bezeugt oder direkter (und problematischer): real so geschehen/fiktiv.

Für die *Dogmatik* ist einmal zu beurteilen, ob eine theologische Aussage eine christliche Glaubensaussage ist oder nicht. Die erste Leitdifferenz ist deshalb christlich/nicht christlich. Was christlich ist, wird näher fassbar durch die Differenzen evangelisch/unevangelisch, biblisch/unbiblisch und christusgemäß/nicht christusgemäß. Außerdem ist aber auch zu beurteilen, ob und in welchem Sinne die theologische Aussage heute als wahr zu vertreten ist oder nicht. Diese zweite Leitdifferenz von wahr/falsch ist die grundlegendere und wichtigere Leitdifferenz. Der Normalfall sollte nach christlicher Anschauung sein, dass von Aussagen beides gilt: Sie sind christlich und wahr. Im Konfliktfall muss der Theologe aber auch bereit sein, um der Wahrheit willen, traditionelle christliche Aussagen aufzugeben.

Die für die Moderne klassische Ausformulierung der Leitdifferenz *evangelisch/nicht evangelisch* hat wiederum Friedrich Schleiermacher formuliert. Sehen wir uns seine Theorie etwas näher an!

Schleiermacher legt Wert darauf, dass in einer evangelischen Dogmatik nur evangelische Sätze vorkommen und dass alles andere ausgeschlossen wird. Das als nicht christlich Auszuschließende nennt er mit den überkommenen Worten: „das Ketzerische" oder das „Häretische". Er schreibt: „Um ein Gebäude der Glaubenslehre zustande zu bringen, muss man aus der Gesamtheit des dogmatischen Stoffes zunächst alles Ketzerische ausscheiden und nur das Kirchliche zurückbehalten".[16] Das Ketzerische ist für Schleiermacher das, was den Quellen der Dogmatik widerspricht, indem es entweder aus anderen Quellen entstanden ist oder direkt christliche Zentralaussagen negiert. Die Quellen der christlichen Lehre sind für Schleiermacher die in Geltung stehenden Bekenntnisschriften der lutherischen und reformierten Kirchen und die lehrhaften Aussagen des Neuen Testaments (so GL § 27),[17] de facto manchmal ergänzt durch einige Aussagen des Alten Testaments (Schöpfung, Sündenfall, Zehn Gebote, messianische Verheißungen), die vom NT bestätigt werden.

Dieser Ansatz von Schleiermacher verlangt zunächst einmal eine Warnung. Heutzutage sollte man mit den Begriffen ketzerisch und häretisch äußerst sparsam umgehen. Es kommt meistens nicht besonders gut an, wenn ein Theologiestudent einen Widerspruch zwischen einem Text eines großen Theologen und einer Aussage der Bekenntnisschriften gefunden hat, und diesen dann gleich als „häretisch" oder gar als „Ketzer" abqualifiziert. Statt der von Schleiermacher gebrauchten Begriffe sollte man lieber von „steht im Widerspruch zu den Aussagen der Bekenntnisschrift X.Y." sagen. Selbstverständlich muss man aber auch sehr ernsthaft die Christlichkeit einer Vorstellung prüfen und sich zum Beispiel gegenüber einigen römisch-katholischen Dogmen (z. B. Messopferlehre, Mariendogmen, 1. Vatikanum) oder neuen Lehren (z. B. bestimmte Formen von Fortschrittsglauben) behutsam und um Verstehen bemüht aber doch konsequent abgrenzen.[18]

---

16 SCHLEIERMACHER, GL § 21, 127.

17 Schleiermacher schließt dichterische und polemische Aussagen der Bibel ausdrücklich aus, ebenso Aussagen des AT, die nicht vom NT bestätigt werden. Vgl. GL § 16.

Auch Schleiermacher hat seinen zunächst schroff wirkenden Ansatz durch mehrere Elemente abgemildert: Zum einen ist Dogmatik für ihn vorrangig eine beschreibende Wissenschaft. Es geht darum, zu beschreiben, welche Lehre eine bestimmte Glaubensgemeinschaft aktuell vertritt. Normative und ausgrenzende Absichten verbinden sich erst mittelbar mit diesem Ansatz. In der Durchführung seines Ansatzes erreicht Schleiermacher ferner sehr große Freiheitsmomente, indem er bestimmte, in den Quellen der Dogmatik vorhandene Lehren als nicht mehr jedem Gläubigen zuzumuten charakterisiert oder sie als nicht in Zuständen des frommen Selbstbewusstseins begründet aus der Dogmatik ausschließt (vgl. dazu oben, Seite 30).

Als weiteres, nicht konservatives Moment kommt bei Schleiermacher das Zulassen kreativer Elemente in der Theologie hinzu, die auf die individuellen Anschauungen des jeweiligen Theologen zurückgehen. „Jeder evangelischen Dogmatik gebührt es, Eigentümliches [d.h. Individuelles, M.L.] zu enthalten".[19] Stehen solche eigenen Lehren in einer Spannung zu den Bekenntnisschriften einer Kirche, ohne diesen direkt zu widersprechen, nennt Schleiermacher diese Lehren „heterodox" (wörtl.: andersgläubig). Es gehört zur Aufgabe der Dogmatik, auch solche heterodoxen Lehren zu formulieren. Sie müssen sich freilich daran messen lassen, ob sie das Wesen des christlichen Glaubens besser zum Ausdruck bringen als die orthodoxen Lehren. Gelingt ihnen dies und gewinnen die theologischen Lehren allgemeine Zustimmung, dann wird das Heterodoxe im Laufe der Zeit orthodox. Beispiele solcher ursprünglich häretischen bzw. heterodoxer Lehren, die in der Gegenwart geradezu zu orthodoxen Lehren werden, sind die Ablehnung der Unsterblichkeit der Seele zugunsten einer Auferstehung der Toten, die einer Wiedererschaffung aus dem Nichts gleichkommt, die Ablehnung der Aussage, der Papst sei der Antichrist zugunsten einer Sicht, die auch die positiven Seiten eines medienwirksamen Reprä-

---

18 Zu Schleiermachers Verständnis des Wortes „häretisch" kann man den schönen Aufsatz lesen von JÜNGEL, Eberhard, Häresis – ein Wort [,] das wieder zu Ehren gebracht werden sollte. Schleiermacher als Ökumeniker, in Ders.,: Indikative der Gnade – Imperative der Freiheit. Theologische Erörterungen IV, Tübingen 2000, 252–278.

19 SCHLEIERMACHER, GL § 25, 142.

sentanten der Christenheit anerkennt oder die Ablehnung der ewigen Höllenstrafen zugunsten der Hoffnung auf Allerlösung.[20]

Die Stärke der Schleiermacherschen Leitdifferenz besteht in ihrem Bezogensein auf die Kirche und ihre Tradition. Ein nicht unwesentlicher Vorteil dieser Leitdifferenz ist außerdem, dass Sie sie relativ einfach handhaben können. Sie benötigen lediglich eine gute Kenntnis der geltenden Bekenntnisschriften und der Bibel. Als Gedächtnisstützen gibt es außerdem Register und Konkordanzen. Wenn Sie eine theologische Position beurteilen, reicht es nach diesem Modell aus, auf Widersprüche und Spannungen zwischen der Position und dem offiziellen Glauben der Kirche zu achten. Selbstverständlich geht es bei diesem Test nicht nur (aber auch!) um Wortlaute und logische Widersprüche, sondern darum, ob die Auffassung eines Theologen dem Gesamtsinn der Bekenntnisschriften entspricht oder widerspricht.

Es lohnt sich, einen Blick auf die Bekenntnisschriften zu werfen.

Die Geltung der Bekenntnisschriften in den evangelischen Kirchen und ihre Bedeutung für die Systematische Theologie

In den evangelischen Kirchen im deutschsprachigen Raum gibt es sehr unterschiedliche Regelungen im Blick auf die Bekenntnisschriften. Die Minimalposition wird von den reformierten Schweizer Landeskirchen bezogen, in denen im 19. Jahrhundert die Verpflichtung der Lehre auf Bekenntnisschriften in den Kirchenverfassungen abgeschafft wurde. Evangelische Freikirchen – mit Ausnahme der Altlutheraner (SELK) und Altreformierten – haben oft ein Zusammentreten von Prinzipien, unter denen die Bekenntnisschriften nur eines von vielen sind. Die Methodisten kennen beispielsweise vier Prinzipien: 1. Heilige Schrift, 2. kirchliche Überlieferung, 3. Erfahrung und 4. Vernunft. Innerhalb der kirchlichen Überlieferung spielen Bekenntnisschriften wie die von John Wesley für die nordamerikanischen Methodisten verfasste Kurzfassung der

---

20 Vgl. dazu die sich ausführlich an dem Thema der Häretisierungen abarbeitende Monographie von JANOWSKI, Christine, Allerlösung. Annäherungen an eine entdualisierte Eschatologie, 2 Bd., Neukirchen 2000.

anglikanischen 39 Articles eine normative Rolle. In Deutschland hat die aus Reformierten und Lutheranern unierte Pfälzer Landeskirche im 19. Jahrhundert zunächst nur die Bibel als Lehrgrundlage anerkannt. 1853 kam dann die Confessio Augustana variata von 1540 hinzu. Andere reformierte und unierte Landeskirchen orientieren sich an der Confessio Augustana und am Heidelberger Katechismus. Die Reformierten Kirchen in Österreich haben das Helvetische Bekenntnis (Confessio helvetica posterior), die lutherischen Gemeinden in Österreich und im Elsass die Confessio Augustana als zentrales Bekenntnis. In Deutschland benutzen lutherische Landeskirchen und lutherische Gemeinden in unierten Landeskirchen meist das Konkordienbuch, zum Teil mit, zum Teil ohne die Konkordienformel.

Die Barmer Theologische Erklärung (1934) hat eine zum Teil im Bezug auf die Bekenntnisschriften des 16. Jahrhunderts differenzierte Aufnahme in lutherischen, unierten und reformierten Kirchen gefunden.

In dieser unübersichtlichen Lage empfiehlt es sich, wenn man im Theologiestudium auf alle Fälle die Bekenntnisse seiner eigenen Kirche gut studiert. Sinnvoll ist es aber weiter, dass man zur dogmatischen Arbeit die als Buch zu erwerbenden Bekenntnisschriften der Evangelisch-lutherischen Kirche (BSLK) und von den reformierten Bekenntnisschriften zumindest den Heidelberger Katechismus und die Confessio Helvetica posterior eingehend studiert.

Folgende Ausgaben können bei diesem Studium helfen:

Die Bekenntnisschriften der evangelisch-lutherischen Kirche. Hg. im Gedenkjahr der Augsburgischen Konfession 1930, Göttingen [12]1998. (**)

PÖHLMANN, Horst Georg, Unser Glaube. Die Bekenntnisschriften der evangelisch-lutherischen Kirche, Gütersloh [5]2004. (*)

PLASGER, Georg/FREUDENBERG, Matthias (Hg.), Reformierte Bekenntnisschriften. Eine Auswahl von den Anfängen bis zur Gegenwart, Göttingen 2005. (**) (Darin ist auch der Text der Barmer Theologischen Erklärung.)

Zu den Bekenntnisschriften empfiehlt sich als Sekundärliteratur:

WENZ, Gunther, Theologie der Bekenntnisschriften der evangelisch-lutherischen Kirche. Eine historische und systematische Einführung in das Konkordienbuch, Berlin/New York 1996. (*)

PÖHLMANN, Horst Georg/AUSTAD, Torleiv/KRÜGER, Friedhelm (Hg.), Theologie
    der lutherischen Bekenntnisschriften, Gütersloh 1996. (Dieses Buch ist kür-
    zer.)
ROHLS, Jan, Theologie reformierter Bekenntnisschriften, Göttingen 1987. (*)
Oder auch:
BARTH, Karl, Die Theologie der reformierten Bekenntnisschriften, Karl Barth
    Gesamtausgabe Abschnitt II, Bd. 3, Zürich 1998.

Wenn an einer Stelle im Studium der Dogmatik Auswendiglernen
einen Platz hat, dann vielleicht hier. Der lateinische Text der *Confessio Augustana*, Teile aus Luthers *Kleinem Katechismus* und die
Barmer Thesen sind meines Erachtens die am meisten zu empfeh-
lenden Passagen.

Wichtig ist es aber nicht nur, den Inhalt der Bekenntnisschriften
zu kennen. Wichtig ist auch die Frage: Wie ist das Selbstverständnis
der Bekenntnisschriften? Diese Frage ist am klarsten im ersten Abschnitt der Konkordienformel beantwortet. Dieser Abschnitt trägt
den umständlichen Titel: „Von dem summarischen Begriff, Regel
und Richtschnur, nach welcher alle Lehr geurteilet, und die einge-
fallenen Irrungen christlich erkläret und entschieden werden sollen" (BSLK 767–769: Epitome und 833–842: Solida declaratio).
Dort wird folgendes deutlich gemacht:

> „Solchergestalt wird der Unterschied zwischen der Heiligen
> Schrift Altes und Neuen Testamentes und allen andern Schriften er-
> halten, und bleibt allein die Heilige Schrift der einig [= einzige,
> M.L.] Richter, Regel und Richtschnur, nach welcher als dem eini-
> gen Probierstein sollen und müssen alle Lehren erkannt und geur-
> teilt werden, ob sie gut oder bös, recht oder unrecht sein.
>
> Die anderen Symbola [= Bekenntnisschriften, M.L.] aber […]
> sind nicht Richter wie die Heilige Schrift, sondern allein Zeugnis
> und Erklärung des Glaubens, wie jederzeit die Heilige Schrift in
> streitigen Artikuln in der Kirchen Gottes von den damals Lebenden
> vorstanden [= verstanden, M.L.] und ausgeleget, und derselben wi-
> derwärtige [= widerstreitende, M.L.) Lehr vorworfen und vor-
> dambt [= verworfen und verdammt, M.L.] worden." (769)

Die Konkordienformel sagt hier ausdrücklich, dass die lutherischen
Bekenntnisschriften historisch, das heißt: Als Aussagen des Glaubens

in einer bestimmten Zeit, zu verstehen sind. Sie sind Beispiele wie die evangelische Lehre mit den begrifflichen Mitteln im damaligen Kontext formuliert wurde. Die Anwendung des Kriteriums der Übereinstimmung mit den Bekenntnisschriften muss darum reflektierter durchgeführt werden, als es ursprünglich schien: Man muss die historische Entwicklung mit einbeziehen und beispielsweise zugestehen, dass bessere begriffliche Mittel andere Aussagen erlauben.

Richter, Regel und Richtschnur (lat.: iudex, norma et regula) der christlichen Lehre ist nach der Konkordienformel allein die Bibel. Etwas formelhaft wird dies oft so ausgedrückt: Die Bibel ist nach evangelischem Verständnis norma normans (normgebende Norm), die Bekenntnisschriften sind norma normata (von der Bibel genormte Norm).

Mit dem Verweis auf die Bibel wird eine neue *Leitdifferenz* genannt: *biblisch/unbiblisch*. Auch diese Leitdifferenz ist unverzichtbar für die Dogmatik. Sie bedeutet, dass niemand ein guter Dogmatiker sein kann, der die Bibel nicht sehr genau kennt. Historisch ist die Differenz zwischen biblischen und unbiblischen Aussagen immer wieder betont worden, z. B. von der altprotestantischen Orthodoxie und von der biblischen Theologie in der Erweckungsbewegung des 19. Jahrhunderts. Auch evangelikale und fundamentalistische Theologen legen sehr starken Wert auf die Beurteilung theologischer Aussagen nach dem Gegensatz biblisch/unbiblisch. Eine wissenschaftlich reflektierte Theologie unterscheidet sich von einem fundamentalistischen Gebrauch dieser Leitdifferenz dadurch, dass es nicht ausreicht, theologische Aussagen auf ihre logische Widersprüchlichkeit oder Nichtwidersprüchlichkeit mit biblischen Aussagen hin zu beurteilen. Entgegen der fundamentalistischen Grunderklärung, die Bibel sei widerspruchs- und irrtumsfrei, sieht wissenschaftliche Theologie ein, dass es Widersprüche und zahlreiche historische und andere Irrtümer, und schließlich auch unterschiedliche und sich widersprechende theologische Aussagen in der Bibel gibt. Um einen der Erweckungsbewegung nahestehenden, aber nicht fundamentalistischen Theologen zu zitieren:

Nicht das ist Gottes Herrlichkeit, daß er vor uns den Beweis führt, daß er ein fehlloses Buch verfassen kann, sondern das, daß er Menschen so mit sich verbindet, daß sie als Menschen sein Wort sagen. [...] Unfehlbarkeit ist das Merkmal Gottes; sie ist aber nur das Merkmal Gottes und überträgt sich nicht auf die Menschen, die in Gottes Dienst stehen. Nicht die Schrift, sondern der die Schrift gebende und durch sie uns berufende Gott ist unfehlbar.[21]

Dogmatische Arbeit sollte vermerken, ob theologische Aussagen im Widerspruch zu einzelnen Aussagen des Alten oder Neuen Testaments stehen. Sie kann durchaus mit der alten Methode der Auffindung von mehr oder weniger aus dem Kontext herausgenommenen Belegstellen (dicta probantia) anfangen. Um zu dem Urteil biblisch oder unbiblisch zu gelangen, muss sie aber den Gesamtkontext der biblischen Aussagen und ihre historische Bedingtheit berücksichtigen. Zur historischen Bedingtheit biblischer Aussagen zitieren wir noch einmal Adolf Schlatter (1852–1938): „Den notwendigen und begründeten Widerspruch gegen die alte, intellektualistische Fassung der Unfehlbarkeit der Schrift will auch die Formel ausdrücken, unfehlbar sei ihr religiöser Inhalt, nicht aber ihre Aussagen über die natürlichen Verhältnisse. [...] Ebensowenig ist der religiöse Gedanke zeitfrei und unmittelbar für uns wiederholbar; er erhält seinen Inhalt durch die Geschichte und bedarf daher in uns die unserer Geschichte entsprechende Erneuerung".[22]

Prüft man, ob eine Aussage biblisch ist, dann wird man damit umgehen müssen, dass es in der Bibel Entwicklungen und Widersprüche gibt. Man wird deshalb auch auf den Gesamtkontext· der biblischen Texte achten: Der Gesamtkontext der neutestamentlichen Aussagen ist, dass sie auf Jesus Christus verweisen. Während das Alte Testament über sich hinausweist, eignet dem Neuen Testament der Bezug auf eine Mitte: Jesus Christus. Der Verweischarakter des Alten Testaments bezieht sich auch auf anderes als auf die Mitte des Neuen Testaments. Es ist auch das Buch Israels und des Judentums und verweist auf eine endgültige Vollendung der Welt, die andere Akzente hat als die christliche Hoffnung. Dennoch ist in einer christlichen Sicht sowohl das Alte wie das Neue Testament von Christus her zu verstehen und auf ihn als seinen zentralen Gegenstand zu beziehen.

Mit diesen knappen Worten kann man die grundlegenden Ergebnisse der facettenreichen dogmatischen Debatte über das Verhältnis von AT und NT zusammenfassen.

---

21 SCHLATTER, Adolf, Das christliche Dogma, Stuttgart 1977 (ND der 3. Aufl. Stuttgart 1923), 375.
22 SCHLATTER, Adolf, aaO., 376.

Mit diesen Bemerkungen ist gleichzeitig eine dritte Leitdifferenz genannt: *christusgemäß/nicht christusgemäß*. Diese Differenz ist beiden anderen insofern überlegen, als sie die eigentliche Urteilsnorm im Bezug auf Christlichkeit formuliert. Christlich ist, was sich an Christus orientiert. Ein Christ ist jemand, der sich grundlegend an Jesus Christus orientiert.[23] Gegenüber den Kriterien der Bekenntnisschriften und der Bibel hat dieses Kriterium den Vorteil, dass es selber die eingefahrenen konfessionellen oder anderen Bahnen, in denen die Verfasser der Bekenntnisschriften und manchmal auch die Verfasser der biblischen Schriften gedacht haben, öffnet hin zu dem „in welchem verborgen liegen alle Schätze der Weisheit und der Erkenntnis" (Kol 2,3). Gegenüber den Bekenntnisschriften vermag das Kriterium des Christusgemäßen, zusammen mit dem des Biblischen die Gefahren der konfessionellen Enge und der Festschreibung der konfessionellen Trennungen zu überwinden.

Man kann also diskutieren, ob dieses Kriterium nicht das einzige für die Christlichkeit der Theologie sein sollte. Im Prinzip ist dies richtig. Gegen die Eliminierung der Bekenntnisschriften und der Bibel als eigene Kriterien spricht aber, dass das Kriterium der Christusgemäßheit besonders schwer zu handhaben ist: Es besteht in der evangelischen Theologie der Gegenwart keine Einigkeit darüber, welcher Jesus Christus der Anwendung der Leitdifferenz zugrundegelegt werden soll. Es bieten sich zumindest vier Möglichkeiten an:

1. Der biblische Christus, d. h. Jesus Christus wie er im Neuen Testament dargestellt wird. Diese Position wurde von Martin Kähler (1835–1912) in seiner Schrift: *Der sogenannte historische Jesus und der geschichtliche biblische Christus*, Leipzig [2]1900 (EA 1892) vertreten. Eine Variante dieser Auffassung ist die Theorie, dass der in der Bibel und in der Predigt verkündigte Christus entscheidende Grundlage für die Christlichkeit der Theologie sei. Diese Auffassung wurde profiliert von Rudolf Bultmann (1884–1976) vertreten.

---

23 Vgl. dazu u. a. KÜNG, Hans, Christ sein. München 1974, 141: „Das Christentum kann letztlich nur dadurch relevant sein und werden, dass es, wie immer in Theorie und Praxis, die Erinnerung an Jesus als den letztlich Maßgebenden aktiviert: an Jesus den Christus und nicht nur einen der ‚maßgebenden Menschen'."

2. Der historische Jesus, d. h. Jesus von Nazareth so wie er mit den Mitteln historisch-kritischer Forschung rekonstruiert werden kann. Diese Auffassung wird in unterschiedlicher Weise von Joachim Jeremias (1900–1979), Paul Althaus (1888–1966), Gerhard Ebeling (1912–2001), Ernst Käsemann (1906–1998) und Wolfhart Pannenberg vertreten.

3. Der kirchliche Christus, d. h. Jesus Christus, so wie er von der Kirche geglaubt wird. Eine solche Position klingt an in dem Satz von Albrecht Ritschl (1822–1889): „Den vollen Umfang seiner [sc. Jesu, M.L.] geschichtlichen Wirklichkeit kann man nur aus dem Glauben der christlichen Gemeinde an ihn erreichen".[24] Starke Tendenzen zu dieser Auffassung gibt es bei römisch-katholischen Autoren, nicht zuletzt in dem Buch: *Jesus von Nazareth* von Joseph Ratzinger/Papst Benedikt XVI.

4. Mein eigenes Christusbild, d. h. Jesus Christus, so wie er mir deutlich geworden ist und wie er für mich Bedeutung hat. Neigungen zu dieser Sicht findet man in Passagen bei Paul Tillich wie etwa der folgenden: „Mit Adolf Schlatter können wir dann sagen, daß wir niemanden so gut kennen wie Jesus. Im Gegensatz zu allen anderen menschlichen Beziehungen vollzieht sich die Teilnahme an ihm nicht auf der Ebene zufälliger menschlicher Individualität (auf dieser Ebene kann völlige Teilnahme niemals erreicht werden), sondern in der Weise der Teilnahme des Menschen an Gott – einer Teilnahme, die trotz des Mysteriums, das die Beziehung jeder Person zu Gott umhüllt, eine Universalität hat, die jedem zugänglich ist. Natürlich kennen wir im Hinblick auf die historische Dokumentation viele Menschen besser als Jesus. Aber im Hinblick auf unsere Teilnahme an seinem Sein kennen wir niemanden besser, weil sein Sein das Neue Sein und daher universal gültig für jedes menschliche Wesen ist".[25]

Um diese Diskussionen zu klären ist es wichtig, sich deutlich zu machen, dass der *wirkliche Jesus Christus* auf alle Fälle entscheidend für die Christlichkeit einer Dogmatik ist. Dieser wirkliche Jesus Christus

---

24 RITSCHL, Albrecht, Die christliche Lehre von der Rechtfertigung und Versöhnung. Bd. II, [3]1895, 1888, 3.

25 TILLICH, Paul, Systematische Theologie, Bd. II, Stuttgart [7]1981, 127.

ist aber mehr und anderes als die jeweiligen, stets wechselnden und inhaltlich oft enttäuschend blassen Rekonstruktionen der historischen Forschung. Zum Eindruck seiner Person gehört auch das, was mehr oder weniger legendenhaft über ihn erzählt wurde, zu ihm gehört auch seine Wirkung in der Geschichte innerhalb und außerhalb der Kirche bis hin zu den jeweils individuellen Christusbildern. Man wird folglich nur mit einer kritischen Kombination und Erweiterung der vier Sichtweisen weiterkommen.

Von Christus aus ergibt sich außerdem nach allgemeinchristlicher Lehre immer eine Ausweitung des Blicks auf Gott Vater und auf den Heiligen Geist, so dass eine an Christus orientierte Bestimmung des Christlichen immer eine trinitarische Bestimmung ist.[26] Dies wird auf dem Weg der Ausarbeitung jedes christlichen Christusbildes früher oder später immer deutlich werden. Für denjenigen, der Dogmatik erlernt, ist folgendes wichtig: Er wird kein guter Dogmatiker werden können, wenn er sich nicht beständig um ein möglichst genaues Verständnis des wirklichen Jesus Christus bemüht. Die Arbeit am Christusbild der biblischen Texte wird dabei zusammenkommen müssen mit einem vertieften Verständnis des Neuen, das durch das Christentum in die Welt kam. Dieses Neue ist eine spezifische Antwort auf die religiöse und soziokulturelle Situation der Spätantike. Es kann im Anschluss an einen Vorschlag von Pierre Gisel auf die Formel gebracht werden: Rekapitulation der Schöpfung und Rekapitulation des Menschen als Person. „Rekapitulation der Schöpfung" bedeutet, dass Erlösung im christlichen Sinne nicht Erlösung aus der bösen Schöpfung ist wie in manichäisch-gnostischen Texten. Erlösung ist das Nahekommen des Reiches Gottes in dieser Welt (Mk 1,15 = Summarium der Botschaft Jesu), die nun auf ein neues Haupt, Jesus Christus (Eph 1,22; Kol 2,10), ausgerichtet ist. „Rekapitulation des Menschen als Person" spricht die personalisierenden, reorganisierenden und neuschaffenden Effekte an, die mit der Rede von Metanoia (Mk 1,15), von einem Leben in den Spannungsfeldern zwischen Glauben und Sünde, Freiheit und Knechtschaft, Licht und Finsternis, alter und neuer Gemeinschaft

---

26 Auch die sehr wenigen christlichen Kirchen und Sondergemeinschaften, die die altkirchliche Trinitätslehre ablehnen (Unitarier, Sozzinianer, Zeugen Jehovas) thematisieren Jesus in seinem Bezug zu Gott Vater und zum Heiligen Geist.

usw. und im Gegenüber zu Gott-Vater (bei Jesus: Abba), der die Liebe ist, gegeben sind.[27]

Fachübergreifend gesagt _____

Für die Einheit der Theologie bedeutet dies: Wie auch immer man sich hier entscheiden wird, die Bemühung um das Christusverständnis und um eine Orientierung der Dogmatik an der Bibel verlangt, dass der Dogmatiker intensive Studien in den exegetischen Fächern durchführen muss oder zumindest gute Kenntnisse über die Ergebnisse der alt- und neutestamentlichen Forschung benötigt.

Zusammenfassend kann man bislang folgendes festhalten: Dogmatik soll dadurch Orientierung im Glauben und im Leben schaffen, dass sie die Christlichkeit einer Glaubensaussage/theologischen Aussage untersucht. Ausgangspunkt können dabei logische Vergleiche von Texten und Aussagen sein. Wenn diese Vergleiche bloß mechanisch ausgeführt werden und nicht durch ein an Inhalten orientiertes hermeneutisches kreativ-dialogisches Verfahren weitergeführt werden, entstehen typische Fehlformen von Theologie:

- Gleicht man theologische Aussagen lediglich mit den Bekenntnisschriften ab, dann entsteht ein erstarrter und unfruchtbarer Konfessionalismus.
- Prüft man theologische Positionen mechanisch auf ihre Übereinstimmung mit der als irrtumsfrei angesehenen Schrift, entsteht Fundamentalismus.
- Ermittelt man die Christlichkeit einer Aussage durch Vergleich mit den biblischen Aussagen über Christus, so wird Christus letztlich doch wieder einem Teil der Schrift untergeordnet. Man kann diese Position als Biblizismus bezeichnen.
- Unterstellt man die Bestimmung des Christlichen allein den hypothetischen Rekonstruktionen des historischen Jesus, so entsteht durch die Unsicherheit und Wandelbarkeit des historisch-kritischen Jesusbildes leicht ein Relativismus.

---

27 Vgl. GISEL, Pierre, La théologie, 11–13.

– Beurteilt man die Christlichkeit einer Aussage vom kirchlichen Christusbild aus, dann unterstellt man Christus doch wieder der Kirche, deren kritisches Gegenüber er doch sein sollte. Die Gefahr eines kirchlichen Triumphalismus ist bei dieser Sicht immer gegeben.

– Beurteilt man theologische Positionen allein von seinem eigenen Christusbild aus, dann entsteht leicht Subjektivismus.

Die Untersuchung der Christlichkeit einer Glaubensaussage kann man methodisch so veranschaulichen:

Leitdifferenz	Häufiger Ausgangspunkt	Gefahr durch Stehenbleiben bei diesem Ansatz	Hermeneutisch-dialogisch-kreatives und inhaltlich ausgerichtetes Vorgehen
Evangelisch/ unevangelisch	Logischer Vergleich der Aussage mit den Bekenntnisschriften	Erstarrter Konfessionalismus	Lebendige evangelische Tradition, Kirchenbezug
Biblisch/ unbiblisch	Logischer Vergleich der Aussage mit der Bibel	Fundamentalismus	Biblische Theologie
Christusgemäß/nicht christusgemäß	Logischer Vergleich mit je nach Ansatz: a. den biblischen Christusbildern, b. der aktuell plausibelsten Rekonstruktion des historischen Jesus Christus c. dem Christusbild der Kirche d. mein Christusbild	a. Biblizismus b. Historischer Relativismus c. Kirchlicher Triumphalismus d. Subjektivismus	An Christus orientierte Theologie

3.3 Wahrheit in der Systematischen Theologie

Bereits in dem oben zitierten Text aus der Konkordienformel klingt eine weitere Leitdifferenz an, die zwischen der wahren und der falschen Lehre. Der deutsche Text verweist auf „gut oder böse", „recht oder unrecht", der lateinische direkt auf vera aut falsa: wahr oder falsch. Von Aussagen der Dogmatik ist nicht nur zu fordern, dass sie christlich sind, sondern auch, dass sie wahr sind. Mit dem Thema der Wahrheit haben wir eines der schwierigsten, aber auch eines der entscheidenden Themen der Theologie als Wissenschaft berührt (M. Trowitzsch). Als ein Beispiel für andere wissenschaftstheoretische Debatten soll dieses Thema im Rahmen dieses Buches etwas vertieft werden.

Dass die Wahrheitsfrage in der Theologie überhaupt eigens zu stellen ist, wird von zwei Seiten in Frage gestellt. Eine eher traditionell christliche Sicht geht davon aus, dass das Christliche als solches bereits das Wahre ist. Dafür gibt es gute Gründe, wie die Identität von Christus und Wahrheit (Joh 14,6) oder die von Gott und Wahrheit (Augustinzitat: deus ipse est veritas[28]). Das Problem bei dieser Argumentation ist nicht die nach christlichem Glaubensverständnis zu Recht angenommene Identität, sondern der Umstand, dass wir mit unseren theologischen Aussagen noch keineswegs immer und unbedingt an dem Ort sind, an dem Gott und Wahrheit eins sind. Wir müssen uns diesem Ort oft allererst annähern. Diese Annäherung wird sinnvollerweise immer von beiden Seiten, von der Seite einer genaueren Bestimmung des Christlichen wie auch von der Seite der Wahrheitsprüfung und Wahrheitssuche aus erfolgen.

Die Wahrheitsfrage wird in der Theologie aber auch von einer anderen, eher postmodernen Seite in Frage gestellt. Man sucht religiöse und manchmal auch theologische Sätze nicht als wahrheitsbehauptende Propositionen, sondern als mit der Kunst zu vergleichende Ausdrucksgestalten individueller Erfahrung zu verstehen. So wenig wie ein Kunstwerk wahr oder falsch ist, so wenig sei eine religiöse Symbolisierung, etwa ein Gebet oder ein Hymnus, wahr oder falsch. Diese Sichtweise bezeichnet man in der Religionsphilosophie als Nonkognitivismus. Manchmal verbindet sich mit ihm ein Irrationalismus, so wie er

---

28 AUGUSTINUS, AURELIUS, De libero arbitrio, 2, 153.

etwa in Rudolf Ottos Rede vom Heiligen als Irrationalem zum Ausdruck kommt.[29] Richtig an nonkognitivistischen Auffassungen ist, dass religiöse und theologische Aussagen oft nicht so einfach verifiziert oder falsifiziert werden können wie naturwissenschaftliche oder historische. Als Gesamtthese ist der Nonkognitivimus hingegen leicht zu widerlegen. Franz von Kutschera zieht folgendes Fazit aus seiner Beschäftigung mit nonkognitivistischen Religionstheorien:

> Im religiösen Sprechen kommen alle performativen Modi vor, die sich auch in der normalen Sprache finden wie Ausrufe, Anrufe, Wünsche, Aufforderungen, Bitte, Dank, Preis und Lob, und nicht alle Sätze, die die grammatikalische Form von Behauptungen haben, werden immer auch als solche verwendet. Religiöse Aussagen enthalten also sicher häufig expressive oder evokative Bedeutungskomponenten und vielen fehlt auch das kognitive (deskriptive) Element. Daraus folgt aber nicht, dass alle solche Sätze ohne kognitiven Sinn bleiben [...]. Unter den religiösen Aussagen kommen immer auch Behauptungen vor, religiöser Glaube besteht immer auch im Fürwahrhalten gewisser Sätze.[30]

Wir können uns damit sinnvoller Weise der Wahrheitsfrage im Bezug auf religiöse und theologische Sätze widmen.

Zunächst lernen wir einen wichtigen Theologen der Gegenwart etwas näher kennen. Kein evangelischer Theologe hat die Notwendigkeit der Wahrheitsfrage in der deutschen Diskussion der letzten Jahrzehnte so sehr betont wie Wolfhart Pannenberg. Pannenberg geht davon aus, dass Aussagen des christlichen Glaubens unter der Wahrheitsfrage stehen und unterschiedlicher Verifikationen bedürfen. Bei allen zentralen Glaubensaussagen ist die eschatologische Verifizierung besonders entscheidend. Er schreibt:

> So ist der Satz, daß Jesus unter Pontius Pilatus gekreuzigt wurde, eine historische Behauptung, deren Wahrheitsanspruch nach den üblichen historischen Kriterien zu beurteilen ist. Die Behauptung, daß Jesus von den Toten auferstanden ist, ist insofern komplexer, als sie die Möglichkeit eines Geschehens von der Art einer Totenauferstehung voraussetzt: Diese Voraussetzung wird erst dann nicht mehr strittig sein, wenn es allgemeine Erfahrung sein wird, daß die Toten auferstehen. Daß aber Jesus als der Sohn Gottes bezeichnet wird, setzt sowohl seine Auferstehung von den Toten als auch die damit verbundene Bestätigung seines irdischen Auftretens voraus. Für alle diese Behauptungen also gilt, daß ihre Wahrheit von Bedingungen abhängt, die Gegenstand von Meinungsverschiedenheiten sein können und auch tat-

---

29 Vgl. OTTO, Rudolf, Das Heilige, Breslau 1917.
30 KUTSCHERA, Franz von, Vernunft und Glaube, Berlin 1991, 107.

sächlich sind, Bedingungen, die bei allem, was die Gottessohnschaft Jesu betrifft, das Gesamtverständnis von Wirklichkeit überhaupt berühren. Die Behauptungen sind wahr, wenn ihre Bedingungen zutreffen. Solange Zweifel daran möglich sind, ist ihre Wahrheitsgeltung „hypothetisch" im weiteren Sinne des Wortes.[31]

Gegenüber Missverständnissen macht Pannenberg deutlich, dass er mit seiner Rede vom hypothetischen Charakter der theologischen Aussagen nicht meint, dass der Glaubende selbst im Glaubensvollzug zweifeln sollte. Es geht ihm nur darum, dass „sowohl den Aussagen der Dogmatik als auch den Behauptungen der durch sie dargestellten christlichen Lehre wissenschaftstheoretisch der Status der Hypothese zugeschrieben wird".[32] Unter Rückgriff auf die Aussage des Philosophen Ludwig Wittgenstein (1889–1951): „Der Satz zeigt, wie es sich verhält, wenn er wahr ist. Und er sagt, dass es sich so verhält" (*Tractatus logico-philosophicus* 4.022) gelangt Pannenberg zu der Aussage, dass Systematische Theologie immer sowohl assertorisch (d. h. verlässliche Aussagen machend) als auch hypothetisch verfährt. Hören wir ihn wieder:

Dogmatik als systematische Theologie verfährt sowohl assertorisch als auch hypothetisch, indem sie ein Modell von Welt, Mensch und Geschichte als in Gott begründet entwirft, das, wenn es stichhaltig ist, die Wirklichkeit Gottes und die Wahrheit der christlichen Lehre ‚beweist', nämlich durch die Form der Darstellung als konsistent denkbar ausweist und so erhärtet. Die Dogmatik legt damit den Wahrheitsanspruch der christlichen Lehre aus; sie führt aus, wie diese Lehre im Zusammenhang verstanden werden muß, um als wahr angenommen werden zu können. Die Bedingung der Stichhaltigkeit der dogmatischen Auslegung von Welt, Mensch und Geschichte als in Gott begründet zeigt allerdings, daß die Entscheidung über Beweiskraft und Wahrheit eines dogmatischen Entwurfs nicht bei ihm selber liegt. Sie hängt daran, ob Welt, Mensch und Geschichte – wie wir sie kennen und soweit wir sie kennen – in diesem Modell wiederzuerkennen sind, ob es also wirklich die Realität der Welt, des Menschen und seiner Geschichte ist, die in diesem Modell als durch Gott bestimmt dargetan wird.[33]

Zunächst einmal ist das Verdienst dieser nicht selten missverstandenen und kritisierten Ausführungen Pannenbergs hervorzuheben. Es gehört zur Aufgabe der Systematischen Theologie nicht nur christliche, sondern wahre Aussagen zu machen. Menschen orientieren ihr Glauben

31 Pannenberg, Wolfhart, Systematische Theologie, Bd. 1, Göttingen 1988, 66 f.
32 AaO., 66.
33 AaO., 70 f.

und Leben an ihr. Durch falsche Orientierungen kann es zu verheerenden Fehlentscheidungen im eigenen Leben kommen. Ein aktuelles Beispiel für die Lebensrelevanz von Theologie gibt die islamische Theologie. Dort haben in den sechziger Jahren Theologen angefangen,[34] von der Pflicht zum Martyrium zu sprechen. Seit dem zweiten Irakkrieg verlieren tagtäglich Menschen ihr Leben, weil sie sich an solchen Theologenmeinungen orientieren. Auch wenn man nicht so weit geht, das Martyrium zu wählen, so findet man auch in Europa in der Gegenwart zahlreiche Christinnen und Christen, die jahrelang in ihrem Leben unter den Folgen theologischer Auffassungen gelitten haben. Systematische Theologie zu treiben, schließt eine Verantwortung für die Menschen, die sich im Glauben und Leben orientieren wollen, mit ein. Deshalb muss sie sich der Wahrheitsfrage intensiv und ohne Vorbehalte stellen.

Religionskritik

hat deshalb innerhalb der Systematischen Theologie ihren Platz. Systematische Theologen können durch eine genaue Auseinandersetzung mit Religionskritik zu einem tieferen und genaueren Verständnis ihrer Sache gelangen. Sie werden möglicherweise bewahrt vor unrealistischen Aussagen, die an den gegenwärtigen Zeitgenossen vorbeigehen. Ebenso sollte die Theologie mit der Religionskritik die Absicht teilen, jede Form von Aberglauben zu kritisieren. Dabei soll man berücksichtigen, dass es Religionskritik sowohl von außerhalb als auch von innerhalb der Theologie gibt.

Hier eine kleine Liste, welche Schriften man auf diesem Gebiet studieren kann:

Die wichtigsten Religionskritiker sind in Deutschland Ludwig Feuerbach und Friedrich Nietzsche. Karl Marx und Sigmund Freud führen lediglich Gedanken dieser Autoren in einer sozial bzw. psychologisch konkreteren Weise aus.

Die wichtigsten Schriften sind darum:

---

34 Vgl. dazu KIPPENBERG, Hans G., Gewalt als Gottesdienst. Religionskriege im Zeitalter der Globalisierung, München 2008, 64–82.

FEUERBACH, Ludwig, Das Wesen des Christentums (mit der berühmten Projektionsthese).

–, Das Wesen der Religion (mit einer Erklärung der nichtchristlichen Religionen).

NIETZSCHE, Friedrich, Die fröhliche Wissenschaft.

–, Also sprach Zarathustra.

–, Die Genealogie der Moral.

–, Der Antichrist.

FREUD, Sigmund, Die Zukunft einer Illusion.

–, Der Mann Moses und die monotheistische Religion.

Unter der aus der Theologie selbst hervorgegangenen Religionskritik ist besonders wichtig:

STRAUSS, David Friedrich, Der alte und der neue Glaube und

BARTH, Karl, Die kirchliche Dogmatik, § 17.

Die weiter oben angeführten Pannenbergzitate verwiesen darauf, dass die Aussagen der Systematischen Theologie nach grundlegenden, auch in der Philosophie geltenden Wahrheitstheorien beurteilt werden müssen. Es geht:

1. darum, dass dogmatische Aussagen einen konsistenten Zusammenhang bilden. Das heißt, dass sie logisch widerspruchsfrei sein wollen und dass ein in sich schlüssiger, lückenloser Argumentationsaufbau geleistet werden soll (Kohärenztheorie der Wahrheit).
2. darum, dass dogmatische Aussagen der Realität der Welt entsprechen sollen (Korrespondenztheorie der Wahrheit).
3. darum, dass dogmatische Aussagen auf eine eschatologische Verifizierung durch Gott am Ende aller Tage verweisen (eschatologische Verifizierungstheorie).

In der philosophischen Diskussion um den Wahrheitsbegriff werden außerdem noch diskutiert:

4. eine Konsenstheorie der Wahrheit (wahr ist das, was für alle Kundigen zwanglos zustimmungsfähig ist),
5. ein forschungsgeschichtliches Wahrheitsverständnis (wahr ist, was die bisherigen Resultate der Forschung kritisch aufnimmt und sie theoretisch wie empirisch überzeugend weiterführt) und
6. eine pragmatische Theorie der Wahrheit (wahr ist, was zu erfolgreichen Handlungen führt).

Mit diesen Theorien haben wir einen sinnvollen Ausgangspunkt für die Anwendung der Leitdifferenz wahr/falsch erreicht. Wir können im Sinne der Kohärenztheorie methodisch nachprüfen, ob ein theologischer Aussagenzusammenhang logische Widersprüche oder argumentative Sprünge aufweist. Wir können im Sinne der Korrespondenztheorie überprüfen, ob theologische Aussagen im Widerspruch zur Realität von Mensch und Welt stehen oder wir können überprüfen, ob eine theologische Theorie den bisherigen Stand der Forschung kritisch aufnimmt und ihn erfolgreich weiterführt oder nicht. Wichtig bleibt aber auch hier zu sehen, dass eine rein schematische Anwendung dieser Wahrheitstheorien, vor allem dann, wenn einzelne Wahrheitstheorien isoliert werden, zu problematischen Ergebnissen führt. Wir müssen diesen Punkt vertiefen, um einer naiven Anwendung der Methoden und damit einer schlechten Theologie vorzubeugen. Konkret heißt dies:

1. Die Kohärenztheorie der Wahrheit
Sie lehnt logische Widersprüche ab. Nun könnte es aber sein, dass es in der Theologie auch Aussagen gibt, die ähnlich wie in der Physik im subatomaren Bereich nur dann sachgemäß sind, wenn sie logische Widersprüche beinhalten. Wer von Gott spricht, gelangt an die Grenzen der Sprache, der Logik und der Vernunft. Vielleicht muss er deshalb auch immer wieder zu logischen Paradoxa gelangen.

Ian Ramseys Analyse der religiösen Sprache

Starke Argumente für die logischen Besonderheiten religiöser Sprache hat der britische Religionsphilosoph und spätere anglikanische Bischof Ian T. Ramsey (1915–1972) in seinem Buch *Religious Language* entwickelt. Ihm zufolge ist religiöse Sprache „odd", „ungewöhnlich", weil sie ein begriffliches, empirisch gestütztes Modell (engl.: model) mit einer Qualifikation (engl.: qualifier) verbindet, die in logischem Widerspruch zu diesem Modell steht. Was er damit meint, wird durch seine Beispiele schnell klarer: Eine typische religiöse Aussage ist für Ramsey: „Gott ist die erste Ursache der Gegenstände in der Welt". Der Begriff „Ursache" ist ein Modell. In der

Welt gibt es Gegenstände, die Ursachen für die Existenz anderer Gegenstände sind. Für diese gilt: Jedes Ding hat seine Ursache. Daraus folgt, dass jede Ursache auf weitere Ursachen zurückverweist, so dass eine fortlaufende Ursachenkette entsteht. Eigentlich sollte es deshalb keine erste Ursache geben, sondern diese erste Ursache sollte wieder auf weitere Ursachen zurückverweisen. Der qualifier „erste" Ursache sprengt die Logik der Dinge in dieser Welt und verweist auf etwas, was über die Welt hinausgeht, auf Gott. Nach Ramsey ist es kein Nachteil, sondern Erkennungsmerkmal religiöser Aussagen, dass sie unpassende qualifiers mit models verbinden. Gerade dadurch entsprechen sie dem Merkmal religiöser Verhaltensweisen, dass sie auf einer ungewöhnlichen Sichtweise beruhen, die zu den Alltag überschreitenden Erschließungserfahrungen (disclosures) führen. Solche ungewöhnlichen Sichtweisen gibt es nach Ramsey im übrigen auch in der Kunst. Als spezifisches Merkmal für religiöse Erschließungserfahrungen muss ein umfassendes Engagement (total commitment) hinzukommen. Weitere Beispiele für religiös wichtige Verbindungen von Modellen und Qualifikationen sind: der letzte Sinn, Anfang und Ende der Welt, der ewige Vater, das Ende des Gesetzes, der menschgewordene Gott usw.

Eine weitere Entdeckung von Ramsey ist, dass es Gemeinsamkeiten zwischen Eigenschaften des Wortes „Ich" und dem Wort „Gott" gibt. Stellt man fortgesetzt Warum-Fragen, so kommt man irgendwann zu Antworten, der Art: „Weil ich ich bin" oder „weil Gott Gott ist". Für die Eigenschaften des Wortes „ich" kann man folgenden Dialog anführen: Frage: „Warum stehst du morgens um fünf Uhr auf?" – Antwort: „Weil ich zum Fischen gehen will." Frage: „Warum willst du zum Fischen gehen?" A.: „Weil ich gerne ruhig am Wasser sitze und so tue, als würde ich etwas Wichtiges tun." F.: „Warum magst du das?" A.: „Weil ich gerne meine Ruhe habe." F.: „Warum hast du gerne deine Ruhe?" A.: „Weil ich ich bin."

Ähnlich für Gott. F.: „Warum muss Y sterben?" A.: „Weil alle Menschen sterben müssen." F.: „Warum müssen alle Menschen sterben?" A.: „Weil die Welt so eingerichtet ist." F.: „Warum ist die Welt so eingerichtet?" A.: „Weil Gott sie so eingerichtet hat." F.: „Warum hat Gott sie so eingerichtet?" A.: „Weil er sich in ihr verherrlichen will." F.: „Warum will er sich in ihr verherrlichen?" A.: „Weil Gott Gott ist." Ramsey nennt die Aussagen „Weil ich ich bin" oder „weil Gott Gott ist" signifikante Tautologien. Eine Tautologie ist ein Satz, dessen Prädikat dasselbe sagt wie das Subjekt, also z. B. „Eine Rose ist eine Rose". Signifikante (d. h. bedeutsame) Tautologien zeigen an, dass das Fragen an ein Ende gelangt ist, über das hinaus nicht mehr sinnvoll weitergefragt werden kann.

Man sieht, dass Ramsey nicht jede Tautologie und nicht jede logische Spannung rechtfertigt. Es gibt aber Tautologien und unlogische Verbindungen von models und qualifiers, die eine Erschließungserfahrung (engl.: disclosure) begleiten und (mit)initiieren.

Es scheint darum in der Tat so zu sein, dass an religiöse und theologische Sprache nicht einfach der Anspruch der Widerspruchsfreiheit gestellt werden kann. Während zahlreiche logische Widersprüche Hinweise auf eine mangelhafte Durchdringung eines theologischen Problems sind,[35] gibt es gehaltvolle und theologisch begründbare Widersprüche, die in der Theologie zuzulassen sind. Martin Luther vertrat massiv diese Auffassung (vgl. z. B. WA 1,226,21 oder WA 39/II, 8,4 f und 31,1). Theologie kann und soll immer wieder Paradoxien dadurch auflösen, dass unterschiedliche logische Hinsichten und Kontexte unterschieden werden. Dies ist sogar eine ihrer besonders wichtigen Aufgaben. Eine vollständige Auflösung aller Paradoxien ist aber wegen der die gegenständlichen Bedingungen unserer Logik überschreitenden Realität Gottes nicht möglich. Auch logisch bleibt das Geheimnis größer als unser Verstehen. Wer dies bestreitet und die Möglichkeit von nicht bis ins Letzte logisch auflösbaren Widersprüchen in der Theologie ablehnt, kann als „Logizist" bezeichnet werden. Wer hingegen sich nicht um die Auflösung von Widersprüchen bemüht, ein Irrationalist ist.[36]

---

35 Schuld daran sind häufig mangelnde semantische Disambiguierungen, vgl. dazu unten im Abschnitt über die grundlegende und vorbereitende Interpretation.

36 Vgl. dazu WUCHTERL, Kurt/SCHRÖER, Henning, Paradox, TRE, Bd. XXV, Berlin/New York 1995, 726–737 und SCHRÖER, Henning., Das Paradox als Kategorie systematischer Theologie, in: GEYER, P./HAGENBÜCHLE, R. (Hg.), Das Paradox. Eine Herausforderung des abendländischen Denkens, Tübingen 1992, 61–70.

Positiv ist an der Kohärenztheorie festzuhalten, dass sie meist mit einer holistischen (d.h. auf das Ganze gehenden) Tendenz verbunden wird. Ziel ist nicht möglichst kleine widerspruchsfreie Aussagenmengen zu bilden. Ziel muss es vielmehr sein, möglichst alles erreichbare Wissen in einen befriedigenden Zusammenhang zu bringen. Je mehr dieser widerspruchsfreie bzw. Widersprüche rational (etwa im Sinne Ramseys) integrierende universale Zusammenhang erreicht wird, um so eher findet der Geist Ruhe in seinen Gewissheiten, die berühmte „repose of mind", die der zuerst anglikanische und dann zum römischen Katholizismus übergetretene Kardinal John Henry Newman in seiner bis heute wichtigen Schrift *An Essay in Aid of a Grammar of Assent* (EA 1870, ND 1973) forderte.

2. Die Korrespondenztheorie der Wahrheit
Sie könnte dazu verführen, aus der Theologie alle Aussagen auszuschließen, die unserem aktuellen naturwissenschaftlichen und historischen Kenntnisstand widersprechen. Nun werden diese wissenschaftlichen Kenntnisse selbst im Laufe der Geschichte immer wieder revidiert. Eine Position, die die eigene aktuelle Weltsicht als Realität ansieht, könnte man mit einem etwas unglücklich gewählten Ausdruck als „aufklärerischen Fundamentalismus" bezeichnen. Um dieser Gefahr zu entgehen, ist es wichtig, sich vor Augen zu führen, dass unsere Sicht von der Welt und von uns selbst nicht einfach identisch mit der Wahrheit ist. Wir sind nach theologischer Sündenlehre sogar natürlicherweise außerhalb der Wahrheit. Deshalb haben Theologen wie Gerhard Ebeling betont: Der Mensch verifiziert nicht einfach die biblischen Aussagen, sondern er wird vom Evangelium selbst verifiziert, wahr gemacht und in seine Wahrheit gebracht. Der Mensch benötigt eine Offenbarung, die ihn erst in die Wahrheit bringt. Verifikation der christlichen Verkündigung geschieht darum vielfach so, dass Menschen sich durch sie in ihre Wahrheit gebracht sehen. Es geht der Theologie, wie Eberhard Jüngel (geb. 1934) in seinem Hauptwerk *Gott als Geheimnis der Welt* (1977) betont, nicht um eine Wahrheit, die der Mensch feststellt, sondern um eine Wahrheit, die größer ist als der Mensch, die ihn einbezieht und mitnimmt. Wahrheit im christlichen Sinne ist nicht eine Wahrheit, die durch Feststellen sicherstellt, sondern sie ist Wahrheit, die sich an uns ereignet und uns verändert.

3. Die eschatologische Theorie der Wahrheit
Sie kann als Freibrief missbraucht werden, um alle möglichen und unmöglichen Aussagen als am Ende aller Tage von Gott bestätigt zu behaupten. Das Problem besteht aber darin, dass wir jetzt leben und uns orientieren müssen. Eine zu starke Inanspruchnahme der eschatologischen Verifikation schließt die Gefahr einer eschatologischen Vertröstungstheologie mit ein. Theologie muss darum unterscheiden, was sie als begründete Hoffnung ansieht und was nicht (vgl. 1. Petr. 3,15).

4. Die Konsenstheorie der Wahrheit
Sie wurde in der deutschen Philosophie von Jürgen Habermas (geb. 1929) und gemeinsam von Wilhelm Kamlah (1905–1976) und Paul Lorenzen (1915–1994) entwickelt.[37] Im Rahmen dieser Einführung konzentriere ich mich auf diese Vertreter des Erlanger Konstruktivismus, da ihre Wahrheitstheorie bis heute zu Neuformulierungen der Wahrheitsfrage führt. Kamlah und Lorenzen weisen darauf hin, dass bereits in den platonischen Dialogen die Wahrheit einer Aussage durch Zustimmung (Homologie) erwiesen wird. Der Gesprächspartner wird durch die Argumente überzeugt und kann nicht anders als einer Wahrheit, gegen die er sich vielleicht zuerst gewehrt hat, zuzustimmen. Auch Kinder sind beim Erlernen der Sprache auf Zustimmung angewiesen. Das Kind sagt „Pferd" und die Eltern bestätigen: „Ja, das ist ein Pferd". In diesen Vorgängen ereignet sich das, was die Erlanger Konstruktivisten „interpersonale Verifikation" nennen. Kamlah und Lorenzen präzisieren, dass ihre Theorie nicht so zu verstehen sei, dass alles, was durch irgendeine Person Zustimmung findet, wahr sei und alles, was keine Zustimmung findet, falsch.

> Ein Satz kann auch dann wahr sein, wenn sich überhaupt niemand (oder noch niemand) findet, der ihm faktisch zustimmt. Daß jeder Sprach- und Sachkundige bei geeigneter Nachprüfung „zustimmen würde", schließt ja die Möglichkeit nicht aus, daß z. B. die „geeignete Nachprüfung" von niemandem durchgeführt wird.[38]

Die praktischen Grenzen dieser Wahrheitstheorie erscheinen dann, wenn man fragt, wie zu bestimmen ist, wer eine geeignete Nachprüfung durchgeführt hat. Für die Theologie gibt es außerdem Aussagen,

---

37 Vgl. zum Folgenden: Kamlah, Wilhelm/Lorenzen, Paul, Logische Propädeutik. Vorschule des vernünftigen Redens, Mannheim [2]1973, bes. 117–150.
38 AaO., 124.

bei denen möglicherweise kein aktuell lebender Mensch eine geeignete Nachprüfung durchführen kann.

Die christliche Theologie hat außerdem eine Verfallsgeschichte des Autoritätsdenkens hinter sich. Bereits wurde in der Alten Kirche aus der Homologie von in ihrem Zugang zur Wahrheit gleichberechtigten Gesprächspartnern die Zustimmung zu besonders glaubwürdigen Autoritäten (Propheten, Apostel, Märtyrer, Heilige, Bischöfe, Kirchenväter). Im Falle biblischer Aussagen wurde außer der menschlichen Autorität auch noch die Autorität Gottes angeführt, der in der Schrift spricht. Wie sollte man Gott, der doch die Wahrheit ist, nicht glauben? Zuerst kommt der Glaube, in der eschatologischen Vollendung kann der Durchschnittschrist dann die Wahrheit der biblischen Lehre verifizieren. Im Laufe der Lehrentwicklung konnte man das Argument der Glaubwürdigkeit von Autoritäten auch auf die Kirche ausweiten. Es kann nicht sein, argumentierte man, dass die Kirche in dem, worin ihre geweihten Vertreter im Falle eines Konzils übereinstimmen, irrt. Seit dem 1. Vatikanum hat die römische Kirche das Privileg der unfehlbaren Autorität auch dem Papst übertragen. Das, was der Papst ex cathedra definiert, sei unfehlbar und „ex sese non ex consensu Ecclesiae irreformabiles esse" („aus sich, nicht aber aufgrund der Zustimmung der Kirche unabänderlich", DSH 3074). Problematisch an diesen kirchlichen, die Autorität betonenden Fassungen des Konsensprinzips ist, dass die Glaubwürdigkeit dieser Autoritäten längst erschüttert und nach evangelischer Sicht weitgehend zerstört ist. Luther betonte in der Leipziger Disputation 1519, dass auch die Konzilien irren können und oft geirrt haben, dasselbe gilt nach evangelischer Sicht in noch höherem Maße von den Päpsten. Aber auch die biblischen Autoren sind durch die historisch-kritische Forschung einer eingehenden Kritik unterzogen worden. Manch einer wird fragen: Da sich in der Bibel im Blick auf die Entstehung der Welt Irrtümer finden, wie soll man den Aussagen über das Ende der Welt Glauben schenken, zumal bei zahlreichen Aussagen gar nicht einmal der Apostel, der angeblicher Autor eines Buches ist, dessen tatsächlicher Verfasser war?

Trotz der Krise der Konsenstheorie (wer hat schon kompetenten Zugang zur Wahrheit des Glaubens?) und des Autoritätsdenkens (selbst die hierfür prädestinierten Autoritäten werden in Zweifel gezogen) bleiben unbestreitbar sinnvolle Elemente dieses Wahrheitsverständnisses bestehen. Dies sind vor allem drei: Wahrheit wird nicht unabhängig von interpersonaler Zustimmung zugänglich, sie hat kulturelle und dialogische Momente.

Es ist außerdem durchaus rational, auf die überlegene Kompetenz von Menschen zu vertrauen, die offenbar einen besseren Zugang zur Wahrheit haben als wir. Dieses Vertrauen sollte aber nicht blind sein, sondern durch kritische Prüfungen im Sinne der übrigen Wahrheitstheorien fortgesetzt werden.

Schließlich ist es auch kaum zu bestreiten, dass es sinnvoll ist, eine theologische Auffassung im Dialog mit anderen zu erproben. Dies sollte man immer wieder im Studium tun. Gelingt es einem, die anderen zu überzeugen, erlebt man Homologie, dann ist dies meistens ein gutes Zeichen für die mögliche Wahrheit einer theologischen Sicht. Gelingt es einem nicht, dann braucht man schon sehr gute Argumente für seine Auffassung. Die Einsamkeit des Theologen, der sich seine eigenen Lehren entwickelt ohne sie im Gespräch mit anderen auszutauschen, ist jedenfalls ein Abweg.

5. Forschungsgeschichtliches Wahrheitsverständnis

Die Forschungsgeschichte ist in gewisser Weise das Protokoll weiterführender Dialoge in der Vergangenheit. Wolfhart Pannenbergs dreibändige Systematische Theologie fällt alle theologischen Urteile erst nach einem Durchgang durch die Forschungsgeschichte. Sie gibt als solche einen Beleg für die These, dass Systematische Theologie wie jede Wissenschaft, die diesen Namen verdient, Fortschritte macht. Ist das tatsächlich so?

Gibt es Fortschritt in der Theologie?

Gegen die Annahme eines Fortschritts in der Theologie wurde eingewandt, dass Theologie bestenfalls die stets gleiche Wahrheit in neuen Situationen anders sagt. Fortschritte in der Sache seien ihr aber versagt. Gott und seine Wahrheit sei jeder Epoche gleich nah und gleich fern. Allenfalls sei sie unserer Epoche besonders fern. Man fragt dann etwa auch, ob die Theologie eines heutigen Theologen besser sei als die Luthers und kommt zu der Antwort, dass dies nicht der Fall sei.

Gegen diese Auffassung spricht nun aber die Erfahrung, dass die Systematische Theologie durch genaueres methodisches Vorgehen zu besseren Begriffen und klareren Erkenntnissen gelangt. Auch der Fortschritt der anderen theologischen und nichttheologischen Wissenschaften trägt zum Fortschritt in der Theologie bei. Selbstverständlich führt eine wichtige neue exegetische Entdeckung zu Konsequenzen für die Systematische Theologie. Zwar hat die zuerst geäußerte Meinung insofern recht, als die Theologie keine Fortschritte in der Sache macht, auf die sie sich bezieht. Für Theologie wäre es kein Fortschritt, sondern ein Rückschritt, wenn sie sich plötzlich auf allerlei neue Sachen beziehen würde. Wohl aber gibt es einen Fortschritt in ihrem Sprechen über diese Sache.

Aus diesem Grunde ist es auch selbstverständlich, dass Theologie forschungsgeschichtlich arbeitet. Allerdings sollte man aufpassen: Nicht immer ist die neueste Dogmatik die beste. Manchmal werden wichtige Begriffsbildungen über viele Jahrzehnte vergessen. Viel kritisierte Zeiten wie die altprotestantische Orthodoxie und die mittelalterliche Scholastik haben begriffliche Differenzierungen geschaffen, die sich immer wieder auch in heutigen Diskussionen als hilfreich erweisen können. Wer sich über diese Theologien einen Überblick verschaffen will, der kann mit dem Lehrbuch von Schmid oder direkt mit der Lektüre eines altprotestantischen Autors oder einer mittelalterlichen Summe, etwa der *Theologischen Summe* von Thomas von Aquin so manch Interessantes finden. Es ist wichtig, die ganze Forschungsgeschichte zu studieren, und nach dem paulinischen Grundsatz vorzugehen: „Prüfet alles, aber behaltet das Gute" (1. Thess. 5,21). Ein forschungsgeschichtliches Vorgehen kann bestenfalls garantieren, dass die eigene Auffassung besser ist als die vorangegangenen. Die Wahrheit der eigenen theologischen Theorie ist damit aber noch nicht bewiesen.

Fachübergreifend gesagt

Für die Einheit der Theologie in ihren Fächern bedeutet dies: Ein forschungsgeschichtliches Wahrheitsverständnis ist neben der Notwendigkeit, die Gegenwart aus der Vergangenheit zu verstehen der zweite wichtige Grund, warum Systematische Theologen sich intensiv mit Kirchen- und Theologiegeschichte beschäftigen müssen, wenn sie ein vertieftes Wissen und Können in der Dogmatik selbst erreichen wollen. Da zur Bestimmung des Evangelischen auch die Bekenntnisschriften von besonderer Bedeutung sind, ist die kirchenhistorische Arbeit zum 16. Jahrhundert, in dem die evangelischen Kirchen und die meisten Bekenntnisse entstanden sind, von besonderer Bedeutung für die Systematische Theologie.

6. Pragmatisches Wahrheitsverständnis

Das pragmatische Wahrheitsverständnis wurde von dem amerikanischen Pragmatisten William James (1842–1910) grundlegend entwickelt. In seinen Vorlesungen über den Pragmatismus stellt er heraus, dass Wahrheit die Eigenschaft gewisser Vorstellungen bezeichnet, die sich lohnen, weil sie

[…] uns zu dem Teile eines Systems hinführen, das an verschiedenen Punkten in die Sinneswahrnehmungen eindringt, die wir in Gedanken abbilden können oder nicht können, mit denen wir aber jedenfalls in derjenigen Art von Verkehr stehen, die man allgemein als Verifikation bezeichnet.[39]

Dieser Grundgedanke ist in der angloamerikanischen Wissenschaftstheorie um die Wende zum 21. Jahrhundert so etwas wie eine grundlegende Voraussetzung geworden, so dass man von einer „pragmatistischen Wende" oder einem „Revival of Pragmatism" spricht. Theologisch ist diese Theorie auch ansprechend, weil von bloß menschlichen Wahrheiten ausgegangen wird, die stets weiterentwickelt werden müssen. Die menschlichen Aussagen sind nicht völlig falsch, vor allem, wenn sie mit Verifikationen verbunden sind, sie sind aber von der absoluten Wahrheit klar unterschieden. Dennoch wird die Theologie diesen Ansatz, der für zahlreiche theologische Lehren sinnvoll ist, und der hilft, das Recht plural unterschiedlicher Auffassungen in der Theologie zu vertreten, in ein kritisches Gespräch bringen müssen mit der für den christlichen Glauben zentralen Auffassung, dass Jesus Christus definitiv Gottes endgültiges erlösendes Wort den Menschen zugesagt hat.

---

39 JAMES, William, Der Pragmatismus. Ein neuer Name für alte Denkmethoden, Hamburg 1994, 137 (EA 1907).

Ansonsten droht die Gefahr eines umfassenden Relativismus und Skeptizismus.

Das Ergebnis unseres Durchgangs durch die Wahrheitstheorien ist, dass alle gängigen Wahrheitstheorien in der Theologie eine Rolle spielen. Keine von ihnen kann aber unkritisch verwendet werden. Jede muss in einem dialogischen Verfahren aufgebrochen werden. Letztlich denkt Theologie einem Wahrheitsgeschehen nach, in das der Glaubende von Gott her einbezogen ist.

3.4 Was ist theologische Ethik?

Systematische Theologie besteht traditionsgemäß aus zwei Teilen, aus Dogmatik und Ethik. Während die Dogmatik vor allem auf Orientierung im Glauben zielt, geht es der Ethik um Orientierung im Leben. Christliche theologische Ethik ist eine Theorie der christlichen Lebensführung. Sie bedenkt die Impulse des christlichen Glaubens für das Handeln und Unterlassen.

Konkret entsteht Ethik aus dem immer schon gegebenen, gewohnheitsmäßigen menschlichen Handeln, dem sich kein Mensch entziehen kann. Dieses bezeichnet man auch als Ethos. Das Ethos steht zwar ethischer Reflexion offen, es läuft aber weitgehend ohne Thematisierung seiner ethischen Vorentscheidungen und Implikationen ab. Ethische Reflexion entsteht, wenn man das überkommene Ethos in Frage stellt oder wenn neue Fragestellungen entstehen, für die das Ethos keine Antworten besitzt. Betreibt man ethische Reflexion systematisch und mit wissenschaftlichen Ansprüchen, dann entsteht wissenschaftliche Ethik. Sie kann man folgender Maßen definieren:

> **Definition 3**
>
> Wissenschaftliche Ethik oder kurz Ethik (im engeren Sinne) ist zu definieren als methodische Reflexion über das freie, menschliche Handeln und Unterlassen im Hinblick auf das, was gut oder böse, vorzuziehen oder zu meiden ist.

Das Ethos der europäischen und amerikanischen Nationen ist vielfach christlich geprägt. Grundannahmen des christlichen Ethos wie die Verpflichtung, Schwache zu schützen und Arme zu unterstützen, haben im Okzident rechtliche Formen angenommen wie das Staatsziel Rechtsstaatlichkeit und Sozialstaatlichkeit in der Deutschen Verfassung. Auch Menschen, die viele Annahmen der christlichen Dogmatik nicht teilen und sich selbst nicht als Christen bezeichnen, bejahen zumindest einen größeren Teil des ursprünglich von Christentum eingeführten Ethos. Aus diesem Grunde könnte man vermuten, christliche Ethik bestehe nur im Bewusstmachen und in der vertieften Weiterbildung des Ethos christlicher Völker. Die Situation ist aber komplexer. Zum einen ist das christliche Ethos in sich, und zwar bereits im Neuen Testament, pluralistisch verfasst: Es gibt nicht das eine christliche Ethos und die eine christliche Ethik, sondern durchaus unterschiedliche und sich widersprechende Gestalten von Ethos und Ethik. Zum anderen kann man sich durch vertiefte Beschäftigung mit der Bibel, dem Glauben und auch mit der Dogmatik fragen, ob wichtige Elemente christlicher Ethik noch nicht Teil des allgemeinen Ethos geworden sind, ob sie uns nicht immer noch vorausliegen und zur Verwirklichung aufrufen. Christliche Ethik muss deshalb neben der vertiefenden Reflexion auf das christliche Ethos, immer wieder den Impuls von Christus, von Gott, vom Heiligen Geist her suchen, um das Ethos im christlichen Sinne weiterzubilden. Da die Dogmatik ein Wirklichkeitsverständnis entfaltet, das neue Handlungsmöglichkeiten erschließen kann, wird christliche Ethik auch von der Dogmatik mitbestimmt. Umgekehrt hat sie selbst aber auch ein kritisches Mitspracherecht in der Dogmatik, wenn dogmatische Formulierungen zu problematischen ethischen Konsequenzen führen und wenn Dogmatik insgesamt nicht so betrieben wird, dass sie eine „Humanität aus Glaube, Liebe und Hoffnung" (Arthur Rich) befördert.

Grundlegend beschreibt Friedrich Schleiermacher das Verhältnis von Glauben, Dogmatik und christlicher Ethik folgendermaßen:

Aus dem Glauben gehen gleichursprünglich der Impuls zur Glaubenserkenntnis und der Impuls zum christlichen Handeln hervor. Dogmatik und christliche theologische Ethik sind deshalb gleichgeordnet, weil sie beide systematische Reflexion der Impulse zur Gotteserkenntnis und zum christlichen Handeln sind. Dabei können Dogmatik und Ethik sich gegenseitig beeinflussen und kritisch befruchten.

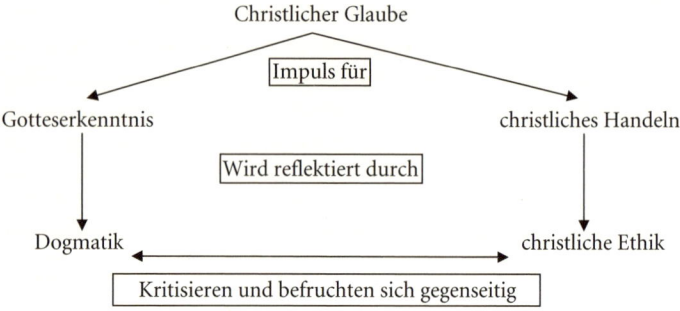

Christlicher Glaube

Impuls für

Gotteserkenntnis   christliches Handeln

Wird reflektiert durch

Dogmatik   christliche Ethik

Kritisieren und befruchten sich gegenseitig

Diese Sicht Schleiermachers ist bis heute grundlegend, obwohl einzelne Autoren eine stärkere Vorordnung der Dogmatik vor der Ethik (in der Tradition K. Barths) oder eine stärkere Trennung von Dogmatik und Ethik (in der Tradition M. Luthers) behauptet haben. Gelegentlich wurde früher von einer Identität von christlicher Ethik und allgemeiner philosophischer Ethik ausgegangen (z. B. in Kantischer Tradition bei W. Herrmann). Unter den Bedingungen des 21. Jahrhunderts mit seinem Streit um das Gute und um das Wirklichkeitsverständnis ist diese Position weitgehend verschwunden.

Diese verstärkt pluralistische Situation, in der sich christliches Ethos und christliche Ethik heute befinden, hat zur Folge, dass ethische Entscheidungen, die eine Mehrzahl von Menschen mittragen sollen, in den meisten Fällen heute nicht mehr allein darauf bauen können, dass man es mit Christen zu tun hat. Es reicht nicht aus, die Christlichkeit einer ethischen Position aufzuzeigen, sondern man muss einen Kompromiss mit Muslimen, Atheisten, Hedonisten, Kantianern und allen möglichen anderen ethischen und weltanschaulichen Positionen finden. Dies wird vor allem in den Fragen der angewandten Ethik und im Recht besonders relevant.

Angewandte Ethik bezieht sich auf bestimmte Lebensbereiche wie Medizin, Wirtschaft, Medien, Wissenschaft, Sport usw. und sucht für diese Bereiche konkrete ethische Orientierung zu schaffen.

In der pluralistischen Situation wird es in Europa immer so sein, dass unterschiedliche christliche Ethiken mit unterschiedlichen nicht-christlichen Ethiken einen Kompromiss in diesen konkreten Fragen finden müssen. Trotz zum Teil sehr unterschiedlicher ethischer Grundorientierungen kann es glücklicherweise zu einem „übergreifenden Konsens (overlaping consensus)" (J. Rawls) in Fragen des konkreten Handelns kommen. So konnten bei der amerikanischen Verfassung freikirchliche Christen und Atheisten gemeinsam für die Trennung von Kirche und Staat votieren oder so kann man aus christlichen, aber auch aus allgemein naturethischen Überlegungen für Umweltschutz sein. Man kann auch aus sozialkonservativen und aus christlichen Gründen für die besondere staatliche Förderung der Ehe sein. Man kann aus kantischen aber auch aus christlichen, jüdischen und muslimischen Gründen für die Menschenwürde argumentieren, usw.

In einem Schema kann man sich die Verhältnisse folgendermaßen verdeutlichen:

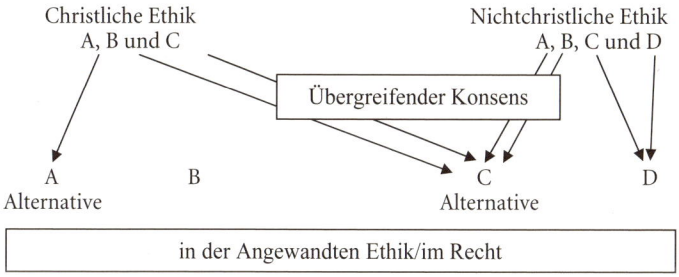

In dieser Situation muss theologische Ethik zum einen darum bemüht sein, herauszuarbeiten, was die christliche Sicht einer bestimmten Situation ist. Ganz ähnlich wie in der Dogmatik geht es also um die Leitdifferenzen des Christlichen (evangelisch/unevangelisch; biblisch/unbiblisch und christusgemäß/nicht christusgemäß). Auch die Bekenntnisschriften beinhalten ethische Aussagen, ebenso die Bibel. Zu bedenken ist bei diesen Aussagen natürlich immer sowohl der zeitliche Abstand als auch die Entwicklungen und Spannungen in der Bibel selbst. Für die Aussagen des Alten Testaments hat Philipp Melanchthon (1497–1560) in der ersten lutherischen Dogmatik, den *Loci communes* von 1521, eine bis heute hilfreiche hermeneutische Strategie entworfen:

– Alles, was alttestamentliches Strafrecht und bürgerliches Recht ist, besitzt für Christen keine Gültigkeit. Es ist das bürgerliche Gesetz der Juden. Es hat bestenfalls in einigen Fällen Vorbildcharakter für unser Strafrecht.

– Das Zeremonialgesetz, das über Reinheit und Unreinheit, Tempel, Beschneidung und ähnliche Themen handelt, ist im wörtlichen Sinne abgeschafft, symbolisch ist es aber als Hinweis auf Christus zu verstehen, und somit

– nur die im NT von Jesus bestätigten Texte der Zehn Gebote und das Doppelgebot der Liebe besitzen weiterhin auch für Christen Gültigkeit.[40]

Die zentrale und größte Herausforderung ist wiederum die Bestimmung des Christusgemäßen. Es ist nicht einfach dadurch zu bestimmen, dass man die Aussagen des historischen Jesus zu ethischen Fragen zusammenstellt. Man muss die Konsequenzen aus seinem ganzen Leben, Sterben und Auferstehen ziehen, wie sie für heute gültig sind. „Rekapitulation des Kosmos" und „Rekapitulation des Menschen als Person" sind sehr hilfreiche Hinweise zu einer Bestimmung des Christusgemäßen.

Als Ethik fragt die christliche theologische Ethik aber auch weiter als „nur" nach dem Christlichen. Anders als der Dogmatik geht es ihr dabei nicht vorrangig um wahr oder falsch, sondern um „gut" oder „böse" bzw. „vorzuziehen" oder „zu meiden". Der Sinn dieser beiden Leitdifferenzen ist folgender: Viele Handlungen können nicht unmittelbar nach den Kriterien gut oder böse beurteilt werden, weil die Beurteilung als böse für zahlreiche alltägliche Handlungen zu scharf ist. Ist es wirklich böse, dass ich, obwohl ich es sollte, zu wenig Sport treibe? Da, wie bereits gezeigt, zahlreiche Handlungen Kompromisse sind, beinhalten sie auch Aspekte, die als Schuld angesehen werden müssen, die aber dennoch anderen Handlungen vorzuziehen sind, die noch mehr Schuld beinhalten würden (z. B. eine Notlüge, die anderen Menschen das Leben rettet oder das Töten von anderem, zum Beispiel tierischem Leben um selbst zu überleben).

---

40 Vgl. Melanchthon, Philipp, Loci communes 1521 (Lateinisch-Deutsch), Gütersloh 1993, 7,7–78. 291–315.

3.5 Kombinatorische Theologie

Neben den klassischen Aufgaben der Dogmatik und Ethik widmet sich die Systematische Theologie auch der Aufgabe, die in Dogmatik und Ethik entwickelten Aussagen mit den Aussagen, die in anderen Bereichen der Wissenschaften oder der Kultur entstanden sind, in Beziehung zu setzen. Nach einem Vorschlag von Ingolf Dalferth kann man diese Aufgabe als „Kombinatorische Theologie" bezeichnen. Diese Aufgabe ist an sich nicht wesentlich unterschieden von der an der gesamten Weltwirklichkeit zu übenden *interprétation effectuante* in der Dogmatik oder in der Ethik. Man kann Kombinatorische Theologie deshalb als eine Eigenschaft der Systematischen Theologie insgesamt ansehen.

Man kann aber auch wegen der besonderen Schwierigkeiten und der erforderten Kompetenzen Kombinatorische Theologie in Analogie zur katholischen Fundamentaltheologie und christlichen Sozialwissenschaft als eigene Aufgabe der Theologie auffassen. Die Schwierigkeiten können nämlich sehr groß sein, weil an den Übergängen zwischen unterschiedlichen Rationalitäten und linguistischen Kulturen besonders sorgsam hermeneutische Fragen zu stellen und Übersetzungsarbeit zu leisten sind. Man muss die anderen Wissenschafts- und Kulturbereiche schon sehr gut kennen, wenn man in einen verstehenden, wissenschaftlich niveauvollen Dialog mit ihnen eintreten will. Im Grunde müsste man die anderen Wissenschaften studiert oder sich jahrelang in sie eingearbeitet haben, um deren Rationalität mit der der Theologie verknüpfen zu können. Da niemand dies für mehr als einige wenige Fächer leisten kann, spricht viel dafür, dass nicht jeder Systematische Theologe eine umfassende kombinatorische Perspektive verfolgt oder dass gar Professuren für die Kombinatorische Theologie in ihrer Gesamtheit eingerichtet werden, sondern dafür, dass jeweils einzelne Dogmatiker und Ethiker sich auf besondere Kombinationen spezialisieren.

Um einen Eindruck von den Übersetzungsbemühungen zu geben, die in der ökumenischen Theologie heute üblich sind, soll im folgenden kurz auf zwei Theorieelemente von George Lindbeck und Dietrich Ritschl eingegangen werden.

George Lindbecks *Nature of Doctrine* und Dietrich Ritschls Rückgriff auf die Alloiosis-Lehre

Aus seinen Erfahrungen als lutherischer Vertreter in ökumenischen Dialogen entwickelte der damals in Yale lehrende George Lindbeck (geb. 1923) die Auffassung, man müsse davon wegkommen, einzelne theologische Lehraussagen der unterschiedlichen Konfessionen direkt miteinander zu vergleichen. Lehraussagen gehören vielmehr in ein kulturell und linguistisch bestimmtes Ganzes. Sie müssen wie beim Übergang von einer Sprache zur anderen übersetzt werden. Dadurch entstehen neue Verständigungsmöglichkeiten, die darüber hinausreichen, dass man eine atomistische propositionale Sicht hat, also einzelne Lehraussagen vergleicht. Wahrheitstheoretisch gesprochen betont Lindbeck die Kohärenz eines theologischen Aussagensystems gegenüber der Korrespondenz mit der Wirklichkeit. Gleichzeitig lehnte Lindbeck, wie wir es oben in unserer Kritik des Nonkognitivismus getan haben, eine expressivistische Sicht von Glaubensaussagen ab.

In ähnlicher Weise wie Lindbeck sucht Dietrich Ritschl (geb. 1929) im ökumenischen Gespräch dadurch weiterzukommen, dass er trotz sich widersprechender Aussagen auf die Möglichkeit aufmerksam macht, dass in anderen Themenbereichen das gleiche Anliegen aufgenommen worden ist. Das unbedingte Erbarmen Gottes wird zum Beispiel für zahlreiche evangelische Theologen in der Rechtfertigungslehre des Tridentinums und in der katholischen Frömmigkeit und Predigt nicht ausreichend zum Ausdruck gebracht. Ritschl lenkt den Blick darauf, dass in der Mariologie und in der Marienfrömmigkeit solch unbedingtes Erbarmen einen zentralen Platz hat. Dasselbe Thema scheint sich von Christus auf Maria verschoben zu haben. Mit dem Zürcher Reformator Huldrych Zwingli (1484–1531),[41] der seinerseits auf die Rhetorik Plutarchs (45–125) zurückgreift, spricht Ritschl von der Figur der Alloiosis: Eine Aussage, die eigentlich und nach eigener Überzeugung nur an einem Ort getroffen werden kann, wird (auch) an einem anderen getroffen.

---

41 Nach Zwingli kann eine Aussage, die über eine Person der Trinität gemacht wird, durch Alloiosis auch über die andere gemacht werden.

Insbesondere gehören folgende theologische Arbeitsgebiete zur Kombinatorischen Theologie:

1. In Kombination der wissenschaftlichen Ansätze der einzelnen Fächer der Theologie liefert wie alle anderen Fächer auch die Systematische Theologie ihren Beitrag zu einer wissenschaftstheoretisch begründeten Sicht der Einheit der Theologie. Diese Tätigkeit wird vielfach im Anschluss an Schleiermacher als *(formale) theologische Enzyklopädie* bezeichnet.
2. In Kombination der Lehren und Theologien der christlichen Konfessionen hat die Systematische Theologie neben dem Zugang der anderen theologischen Fächer einen eigenen Zugang zur Ökumenischen Theologie. Im 19. Jahrhundert trug diese Beschäftigung im Gefolge Schleiermachers oftmals den Namen *Polemik*, heute werden oft eher irenische Gesichtspunkte verfolgt.
3. In Kombination der christlichen Ethik und der anderen Ethiken hat die Systematische Theologie einen eigenen Zugang zu Fragen der *Angewandten Ethik.*
4. In Kombination zwischen Systematischer Theologie und *Natur- und Kulturwissenschaften, mit der bildenden Kunst oder der Literatur* sind Systematische Theologen häufig engagierte Gesprächspartner.
5. In Kombination der systematisch-theologischen Sicht und der religionsphilosophischen Perspektive auf Christentum und andere Religionen entstehen zahlreiche Fragestellungen, die im nächsten Kapitel etwas näher betrachtet werden sollen. In früheren Zeiten fasste man einen Teil dieser Fragen öfter unter dem Titel *Apologetik* zusammen.

In der katholischen Theologie zählen zahlreiche Gebiete der Kombinatorischen Theologie, insbesondere die Punkte 1, 2 und 5 zu dem Fach Fundamentaltheologie. Die Punkte 3 und Teile aus 4 werden dort manchmal auch als Teilgebiete der „Christlichen Sozialwissenschaft" behandelt.

Literaturempfehlungen

THOMAS VON AQUIN, Summa theologiae, 5 Bd., Madrid [3]1994/5. (Thomas schreibt ein einfaches Latein, so dass, wer ein Latinum hat, bald feststellen dürfte, dass er den lateinischen Text besser versteht als den Deutschen).

DALFERTH, Ingolf U., Evangelische Theologie als Interpretationspraxis. Eine systematische Orientierung, Leipzig 2004, bes. 5–52.

KAMLAH, Wilhelm/LORENZEN, Paul, Logische Propädeutik. Vorschule des vernünftigen Redens, Mannheim [2]1973.

KÖRTNER, Ulrich, Evangelische Sozialethik, Göttingen 2008.

KUTSCHERA, Franz von, Vernunft und Glaube, Berlin 1991.

KNOEPFFLER, Nikolaus u. a., Einführung in die angewandte Ethik, München 2006.

NIDA-RÜMELIN, Julian, Angewandte Ethik, Stuttgart 1996.

LINDBECK, George, The Nature of Doctrine, 1984 (dt. Grammatik des Glaubens 1994).

RITSCHL, Dietrich, Zur Logik der Theologie, 1984.

LEINER, Martin, Philosophische und theologische Ethik bei Friedrich Schleiermacher, in: GAZIAUX, Éric (Hg.), Philosophie et théologie. FS Emilio Britto, Leuven 2007, 171–194. (Als Einführung zum Verständnis der Ethik Schleiermachers.)

PANNENBERG, Wolfhart, Systematische Theologie, 3 Bd., Göttingen 1988–1993. (*) (Die informationsreichste evangelische Dogmatik, die jeder, der heute wissenschaftlich Theologie betreibt, mit viel Gewinn gründlich studiert.)

WENZ, Gunther, Wolfhart Pannenbergs Systematische Theologie. Ein einführender Bericht, Göttingen 2003. (Gunter Wenz erleichtert den Zugang zu Pannenbergs Theologie!)

RAMSEY, Ian, Religious Language: An Empirical Placing of Theological Phrases, London 1957.

RICH, Arthur, Wirtschaftsethik, Bd. 1, 1991. (Bd. 1 enthält eine gut lesbare Einführung in Grundbegriffe der Ethik.)

SCHMID, Heinrich, Die Dogmatik der evangelisch-lutherischen Kirche dargestellt und aus den Quellen belegt, Gütersloh [10]1979. (*)

Aufgaben

1.   Nehmen Sie Stellung zu folgenden theologischen Aussagen im Bezug auf die Leitdifferenzen: evangelisch/unevangelisch; biblisch/unbiblisch und christusgemäß/nicht christusgemäß. Beachten Sie dabei, dass man bei diesen Leitdifferenzen zu unterschiedlichen Ergebnissen kommen kann! Beachten Sie auch, dass es Widersprüche und Entwicklungen in der Bibel gibt!

- „Der Mensch wird nicht allein durch den Glauben gerecht, sondern auch durch die Werke."
- „Die Fußwaschung ist eine von Christus eingesetzte und zur Wiederholung bestimmte heilige Handlung (d. h. nach Luthers Definition ein Sakrament)."
- „Es gibt heilige und gerechte Kriege."
- „Am Sonntag soll der Christ nicht arbeiten."
- „Der Glaube ist ein Vertrauen auf Unsichtbares."

2. Können Menschen überhaupt die Wahrheit (über Gott, über sich selbst, über andere) sagen?

3. Spielen Sie das Verhältnis von Ethos und christlicher Ethik durch an einer These wie: Christen sollten Nichtraucher sein und Alkoholgenuss meiden.

4. Spielen Sie das Verhältnis von christlicher Ethik und nicht christlicher Ethik durch an der Diskussion um die Trennung von Kirche und Staat!

5. Versuchen Sie sich einmal in Kombinatorischer Theologie und kommen Sie zu einem theologischen Urteil über folgenden Abschnitt aus dem *Stunden-Buch* von Rainer Maria Rilke:

Sieh, Gott, es kommt ein Neuer an dir bauen,
der gestern noch ein Knabe war; von Frauen
sind seine Hände noch zusammengefügt
zu einem Falten, welches halb schon lügt.

[...]

Werkleute sind wir: Knappen, Jünger, Meister,
und bauen dich, du hohes Mittelschiff.
Und manchmal kommt ein ernster Hergereister,
geht wie ein Glanz durch unsre hundert Geister
und zeigt uns zitternd einen neuen Griff.

Wir steigen in die wiegenden Gerüste,
in unsern Händen hängt der Hammer schwer,
bis eine Stunde uns die Stirnen küßte,
die strahlend und als ob sie Alles wüßte
von dir kommt, wie der Wind vom Meer.

Dann ist ein Hallen von dem vielen Hämmern
und durch die Berge geht es Stoß um Stoß.
Erst wenn es dunkelt lassen wir dich los:
Und deine kommenden Konturen dämmern.

Gott, du bist groß.

(Aus: RILKE, Rainer Maria, *Sämtliche Werke*, Bd. 1, Frankfurt a. M. 1955, 267–269.)

Beschreibt dieser Text eine künstlerische Darstellung des wahren Gottes? Beschreibt er die Produktion eines Götzen? Ist der Text christlich rezipierbar und wenn ja, wie, wenn nein, warum?

4. Systematische Theologie und Religionsphilosophie

4.1 Grundlegende und durchführende Interpretation in der Wissenschaft

Um den Unterschied zwischen Systematischer Theologie und Religionsphilosophie genauer zu bestimmen, soll zunächst von den Aufbauprinzipien von Wissenschaften ganz allgemein ausgegangen werden. Aufbauprinzipien bezeichnen die Grundsätze, wie man eine Wissenschaft aufbaut. Jede Wissenschaft gliedert sich in zwei, zunächst voneinander klar abgegrenzte Aufgabenbereiche:

- Eine wissenschaftsbegründende Interpretation (Jean Ladrière: *interprétation fondatrice*), bei der die Grundbegriffe und formale Grundprinzipien entwickelt werden und
- eine Durchführung der Wissenschaft an ihrem Gegenstand (Jean Ladrière: *interprétation effectuante*).

Die wissenschaftsbegründende Interpretation stellt so etwas wie den harten Kern (I. Lakatos) oder das herrschende Paradigma (T. S. Kuhn) einer Wissenschaft dar. Sie verlangt besonders gute Ausarbeitung, ist relativ stabil, aber keineswegs unerschütterlich, sie wird nur viel schwerer revidiert als die anwendungsbezogenen Hypothesen.

In einer Wissenschaft wie Physik werden in der wissenschaftsbegründenden Interpretation Grundbegriffe wie Masse, Energie, elektrische Ladung, Gravitation und formaler Grundprinzipien wie die in Naturgesetzlichkeiten anzuwendenden Formalismen der Mathematik und Logik einer gewissen Klärung zugeführt. Anschließend werden diese Grundbegriffe und Formalismen miteinander verknüpft (nach Wolfgang Stegmüller ein dritter wichtiger Zwischenschritt) und in der

Durchführung der Wissenschaft durch Hypothesen an der Wirklichkeit überprüft.

Der Zweigliedrigkeit der Systematischen Theologie wird Wilfried Joests *Dogmatik* in exemplarischer Weise gerecht.

> Die Themafrage des ersten Teils dieser Dogmatik [d.h. Die Wirklichkeit Gottes] lautete: Wie, als wen hat Gott sich selbst in dieser Geschichte [d.h. der Geschichte Jesu Christi; M.L.] erzeigt? [...] Aber was in ihrem Licht von der Wirklichkeit des Menschen zu sagen ist, konnte bisher nur angedeutet, noch nicht ausdrücklich zum Thema gemacht und im Zusammenhang dargestellt und begründet werden. (*Dogmatik* Bd. 2. Göttingen 1986, 344)

Dies ist die Durchführung der Wissenschaft im 2. Teil der *Dogmatik* von Joest. Auch Dogmatiken, die ganz anders als christologisch aufgebaut sind, können von einer christologischen Grundlegung ausgehen. So betont Gerhard Ebeling: Seine Dogmatik „hat daran ihr hermeneutisches Kriterium, dass sie auf den einen Grund des Glaubens rückführbar sein muss und als die unendlich reiche Ausstrahlung eines Grundeinfachen verstanden sein will." (*Dogmatik des christlichen Glaubens*, Bd. 1, Tübingen 1979, 4.) Dieser eine Grund des Glaubens ist nach Ebeling Jesus Christus.

In der Theologie der Neuzeit gibt es nun zwei gegenläufige Tendenzen: Die erste vollzieht die wissenschaftsbegründende Interpretation in zunehmender Strenge christologisch: Alle Grundbegriffe und Prinzipien der Theologie sind an der Offenbarung Gottes in Jesus Christus zu gewinnen. Die andere Tendenz der Theologie sucht die Grundbegriffe und Prinzipien der Theologie durch allgemeine (religions)philosophische, religionswissenschaftliche, ethische, soziologische und psychologische Arbeit zu entwickeln.

In dem Maße, in dem sich in der Systematischen Theologie die christologische Grundlegung durchgesetzt hat, lässt sich eine relativ trennscharfe Unterscheidung von Systematischer Theologie und Religionsphilosophie vornehmen. Systematische Theologie ist in ihren Teilgebieten Dogmatik, Ethik und Kombinatorik auf der Christologie als wissenschaftsbegründender Interpretation aufgebaut.[42] Die Deu-

---

42 Je nach Ansatz ersetzen einige Autoren auch die Christologie durch eine andere Wesensbestimmung des Christentums, ohne dass dadurch eine strukturell andere wissenschaftstheoretische Konzeption entstünde.

tung von Gott, Mensch und Welt ist die *interprétation effectuante*, die von dieser *interprétation fondatrice* ausgeht.[43] Als Teil der Wirklichkeit kommen dabei auch religiöse Phänomene in den Blick. Dabei entsteht eine christliche Theologie der Religionen.

Die Wissenschaftsbegründung der Religionsphilosophie ist weiter als die der Theologie. Sie findet in der Religionsphilosophie an allgemeinen Grundbegriffen und Prinzipien zum Thema Religion und Philosophie statt. Die Durchführung der Wissenschaft findet an einem engeren Gegenstand als dem der Theologie statt, an der Wirklichkeit dessen, was religiös interpretiert werden kann, d.h. vor allem an der Wirklichkeit der Religionen selbst und an den religiös interpretierbaren Aspekten anderer Phänomene.

Dies kann man sich an folgendem Schema verdeutlichen:

Unterscheidung von Theologie und Religionsphilosophie	Theologie	Religionsphilosophie
Wissenschaftsbegründende Interpretation: Grundbegriffe, Prinzipien etc.	Aus der Christologie	Allgemeine gewonnene Grundbegriffe und Prinzipien zum Thema Religion und Philosophie
Durchführung der Wissenschaft	An der gesamten Wirklichkeit	Wirklichkeit des „Religiösen"

43 Dieses an Barths Versöhnungslehre von B. Bourgine entdeckte Vorgehen entspricht in gewissen Zügen auch dem Theologieverständnis liberaler Theologen wie Adolf von HARNACK in seinem Buch Das Wesen des Christentums (EA 1900; Gütersloh ²1985). Harnack beginnt: „Der große Philosoph des Positivismus, John Stuart Mill, hat einmal gesagt, die Menschheit könne nicht oft genug daran erinnert werden, daß es einst einen Mann namens Sokrates gegeben hat. Er hat recht; aber wichtiger ist es, die Menschheit immer wieder daran zu erinnern, daß einst ein Mann namens Jesus Christus in ihrer Mitte gestanden hat."(13) Ausgehend von einem historischen Bild von Jesus und seiner zentralen Botschaft (einer Art *interprétation fondatrice*), wendet Harnack dieses Bild kritisch auf die Geschichte des Christentums an (eine Art *interprétation effectuante*). Trotz der Überholtheit des harnackschen Jesusbildes und der Unhaltbarkeit einer allein von der historisch rekonstruierten Vergangenheit ausgehenden Wesensbestimmung des Christentums, zeigt das Beispiel Harnacks, dass die in unserer Einführung vorgeschlagene Theologiekonzeption diesseits des Gegensatzes von der Dialektischen Theologie mit der liberalen Tradition steht.

4.2 Eine Definition von Religionsphilosophie

Definition 4 ───────────────────────────────

Religionsphilosophie ist eine Wissenschaft, die durch bestimmte, methodisch durchgeführte Akte des Wahrnehmens, Imaginierens und Denkens aufgrund einer relativ allgemeinen Begrifflichkeit und relativ allgemeiner Prinzipien dazu beitragen soll, sich im Umgang mit Religionen und religiösen Phänomenen besser zu orientieren.

Wie die Theologie und alle anderen Wissenschaften besteht die Religionsphilosophie aus zwei Teilen:

– einer Erarbeitung der Grundbegriffe und Prinzipien und
– einer Durchführung und Erprobung der Prinzipien anhand der Wirklichkeit, in diesem Falle der Wirklichkeit der Religionen.

Die ersten Grundbegriffe, welche die Religionsphilosophie bildet, sind die Begriffe: Religion und Philosophie.

Für den Philosophiebegriff kann man auf einschlägige Werke und Lexikonartikel verweisen.[44] Er ist Gegenstand zahlreicher unterschiedlicher Auffassungen. Im Rahmen dieser Einführung soll nur der Religionsbegriff näher betrachtet werden. Er ist ebenfalls in der Diskussion sehr umstritten. Wahrscheinlich gibt es nicht einen Begriffskern oder ein einziges Merkmal, das allen Religionen gemeinsam ist. Der Begriff „Religion" muss deshalb nach dem Modell der Familienähnlichkeit (Wittgenstein) definiert werden: Eine „Definition" aufgrund von Familienähnlichkeit verfährt so, dass eine Reihe von Gebilden in der Wirklichkeit benannt werden, die unter dieser Definition zu subsumieren sind. Alle Wirklichkeiten, die den genannten Größen in mehreren wichtigen Eigenschaften ähnlich sind, können ebenfalls unter diesen Begriff gefasst werden. Wittgensteins Beispiele sind Begriffe wie

---

44 Ein wichtiges Hilfsmittel für Philosophie und Theologie ist RITTER, Joachim/ GRÜNDER, Karlfried (Hg.), Historisches Wörterbuch der Philosophie, Basel/ Darmstadt 1981–2007. Um sich an die Arbeit mit ihm zu gewöhnen, kann man den sehr informativen Artikel „Philosophie" in Band VII (M. KRANZ u. a.) Sp. 572–911 lesen. Es ist ein dichter Text, der aber die Mühe lohnt.

„Spiel" oder „Sprache". Es gibt nicht ein einziges Merkmal, welches das Schachspiel mit Spielen wie Fußball oder einem von Kindern erfundenen Singspiel gemeinsam hat. Es gibt vielmehr mehrere Merkmale, die allen Spielen zukommen (Regeln, Wiederholbarkeit, Vergnügen am Spiel, Abgrenzung der Aktivität in der Zeit usw.). Keines dieser Merkmale ist aber Spielen allein vorbehalten.

Was eine Religion ist, kann ganz analog dadurch definiert werden, dass eine Reihe von Gegebenheiten aufgezählt werden, die unter den Begriff Religion fallen: Es sind dies die „Religionen" wie Christentum, Judentum, Islam, die indischen Religionen, Taoismus, antike Religionen, so genannte Stammesreligionen und neue Religionen wie Baha'I mit ihren je spezifischen Wirklichkeitsverständnissen, Riten und ethischen Vorstellungen, Institutionen und symbolischen Ausdruckformen. Als „religiös" kann man alle Erscheinungsformen des menschlichen Lebens bezeichnen, die mit diesen Religionen in mehreren Punkten Gemeinsamkeiten besitzen.

Für die heutige Gesellschaft ist es charakteristisch, dass es keine klar gesonderten Funktions- und Kommunikationsbereiche mehr gibt. Es gibt deshalb auch keine klar abgegrenzten Bereiche des Religiösen in dem Sinne, dass Religion nur in Religionsgemeinschaften geübt würde. Religiöse Aspekte haben auch „Kultfilme", die Fußballweltmeisterschaft oder die Plakatwerbung. Dies hat auch Folgen für den Gegenstand der Religionswissenschaft und Religionsphilosophie:

Nicht ob etwas ein religiöses (wissenschaftliches, politisches, wirtschaftliches usf.) Phänomen ist, ist entscheidend, sondern ob es einen Gewinn an Erkenntnis, Lebenseinsicht, Orientierungsfähigkeit und Handlungsmöglichkeiten verspricht, es im Licht der jeweils zur Debatte stehenden Fragestellung religiös (wissenschaftlich, politisch, wirtschaftlich usf.) zu thematisieren.[45]

Heute arbeitet Religionsphilosophie meistens phänomenologisch, sprachanalytisch oder historisch. Ältere Formen der Religionsphilosophie, die sich als Kritik des religiösen Bewusstseins, als Fürsprecher der Transformation von Religion in Philosophie oder als Konstruktion einer philosophischen Theologie verstanden haben, sind – von einigen Ausnahmen abgesehen – weitgehend zurückgetreten (R. Schaeffler).

---

45 DALFERTH, Ingolf U., Theologie als Interpretationspraxis, Leipzig 2004, 11.

4.3 Weitere Unterschiede zwischen Theologie und Religionsphilosophie

Auf der Grundlage der unterschiedlichen Bestimmung von *interprétation fondatrice* und *interprétation effectuante* ergeben sich eine Reihe weiterer Unterschiede zwischen Religionsphilosophie und Theologie.

Während die Religionsphilosophie als Religionstheorie religiöse Aussagen meist in indirekter Rede als Zitate und Beispiele anführt, legt die Theologie Wert darauf, selber religiöse Aussagen zu machen. Um mit einem Bild von Dietrich Ritschl[46] zu sprechen: Die Theologie verhält sich zum christlichen Glauben nicht wie die Musikwissenschaft zur Musik. Theologie reflektiert nicht nur distanziert über Musik. Sie macht auch selbst Musik. Theologie reflektiert über Glaubenskommunikation und ist selbst Glaubenskommunikation. Wohlgemerkt: Das Element der Distanz spielt auch in der Theologie eine Rolle: Universitäre Theologie ist nicht Reflexion im Pfarr- oder Lehramt. Wie jede Reflexion, die an einem besonderen, von der unmittelbaren Praxissituation unterschiedenen Ort geübt wird, nimmt sie eine gewisse Distanz zu ihrem Gegenstand ein. Dennoch ist universitäre Theologie in den Prozess des Mitgenommenwerdens von der Wahrheit des christlichen Gottes einbezogen; sie ist nicht bewusst darum bemüht, neutral zu reden, Theologen reden als Beteiligte.

Theologie neigt deshalb auch eher zu einer realistischen Lektüre des Symbolsystems einer Religion, während Religionsphilosophie manchmal eher einem konstruktivistischen Verständnis zuzurechnen ist.[47] Wohlgemerkt: Auch hier darf man den Gegensatz nicht übertreiben. Die Beschäftigung mit der Bibel oder auch die Beschäftigung mit Religionspsychologie und Religionssoziologie macht dem Theologen deutlich, wie viele fiktive und konstruierte Elemente das Christentum bestimmen. Dennoch, wenn man als Theologe nicht den radikalkonstruktivistischen Standpunkt einnimmt, dass alles Konstruktion ist, dann wird man als Theologe immer wieder und geradezu notwendigerweise nach der Wirklichkeit fragen, auf die sich theologische Aussa-

---

46 Vgl. Ritschl, Dietrich, Théologie, in: Gisel, Pierre (Hg.), Encyclopédie du protestantisme, Paris/Genf ²2006, 1401–1417, 1402.

47 Vgl. Dalferth, Ingolf U., Theologie im Kontext der Religionswissenschaft, ThLZ 126, 2001, 3–20, 17.

gen beziehen. Dies gilt schon wegen der Bedeutung der Korrespondenztheorie der Wahrheit für die Theologie. Religionsphilosophen können auch nach der Wirklichkeit des Religiösen fragen. Bei ihnen ist dies aber Zeichen eines besonderen Ansatzes.

Während Religionsphilosophie häufig die Gemeinsamkeiten zwischen den Religionen betont und das Besondere des Christentums allenfalls als Spezifikum innerhalb eines Typus behandelt, stellt die Systematische Theologie die Singularität des Gottes der Bibel in den Mittelpunkt. Mit Franz Rosenzweig steht nicht das begriffliche Denken, sondern das Erzählen von dem, der den unaussprechlichen Eigennamen JHWH trägt, im Vordergrund. Der klassische heilsgeschichtliche Aufbau der Dogmatik, der mit der Schöpfung beginnt und mit den letzten Dingen (Eschatologie) endet, ist ein Beispiel für diesen erzählenden Charakter der Systematischen Theologie. Wohlgemerkt: Auch hier darf man den Gegensatz nicht übertreiben. Auch die Theologie benötigt Begriffe, Terminologien und Definitionen. Sie achtet aber in besonderer Weise auf das Unbegriffliche,[48] auf Metaphern, Erzählungen, eigene Sprachspiele, Eigennamen, auf das, was der Fassung in Begriffe entgeht.

Ein Beispiel für die unterschiedliche Vorgehensweise von Theologie und Religionsphilosophie

Der Theologie geht es nicht zentral darum, einen allgemeinen Begriff von Glauben zu entwickeln, der für unterschiedliche Zeiten und vielleicht sogar für unterschiedliche Religionen anwendbar ist. Ihr geht es darum, die Spezifika dessen, was als neuer religiöser Grundbegriff das Wort πιστις mit seiner Vorgeschichte im Hebräischen אמונה bei den ersten Christen bedeutet. Dieses Spezifische enthält begriffliche Elemente, wie man sie etwa im *Theologischen Wörterbuch zum Neuen Testament* nachschlagen kann, es enthält aber auch narrative Elemente wie in den Heilungsgeschichten Jesu, im Gleichniswort vom Senfkorn oder in den Bekehrungsgeschichten der ersten Christen, die nicht einfach in Begriffen aufgehen.

---

48 Vgl. Blumenberg, Hans, Theorie der Unbegrifflichkeit, Frankfurt a. M. 2007.

Systematische Theologie fragt nach der heute zu vertretenden oder zu bestreitenden Wahrheit dieses besonderen Glaubensbegriffs, der wenig mit dem Fürwahrhalten von Sätzen und sehr viel mit Offenheit für das Wunder und einer Haltung des Empfangens zu tun hat.

Religionsphilosophie kann umgekehrt fragen, welche allgemeinen menschlichen Erfahrungen hinter bestimmten Dimensionen des christlichen Glaubensbegriffs stehen. Sie kann thematisieren, warum dieser Begriff sich in der Neuzeit so entwickeln konnte, dass man auch vom muslimischen, vom hinduistischen oder vom buddhistischen Glauben sprechen konnte, obwohl dieser Begriff den beiden zuletzt genannten Religionen ursprünglich fremd ist. Sie kann erforschen, welche anthropologische Bedeutung Glauben hat, ob jeder Mensch notwendigerweise glaubt in dem Sinn, dass er an etwas sein Herz hängt, oder ob es nicht denkbar ist, dass Glauben im Laufe der Geschichte der Menschheit immer mehr und schließlich vollständig von Wissen abgelöst wird. Ferner untersucht die Religionsphilosophie, wie Glauben phänomenologisch zu beschreiben ist, und in welchen sprachlichen Formen Glauben sich niederschlägt. Religionsphilosophie kann darauf stoßen, dass die Rede von „Glauben" besondere logische Eigentümlichkeiten hat, etwa wie die folgende: Man kann nicht sagen: „Ich glaube etwas, aber ich weiß, dass es falsch ist." Es besteht also ein bestimmter logischer Bezug zwischen „glauben" und „wissen". Diesen Bezug und eventuell sogar eine ganze Logik des Wortes „glauben" kann die Religionsphilosophie herausarbeiten.

Fachübergreifend gesagt

Für die Einheit der Theologie bedeutet dies: Man sieht an dem Beispiel, dass das, was die Religionsphilosophie erarbeitet, für die Systematische, aber auch beispielsweise für die Praktische Theologie und die Kirchengeschichte von großer Bedeutung ist. Religionsphilosophie, ob von Philosophen oder in Personalunion von christlichen Systematischen Theologen oder von Theologen anderer Religionen unterrichtet, ist ein unverzichtbarer und fundamentaler Bestandteil der evangelischen Theologie. Auch um als Pfarrerin oder als Pfarrer kompetent arbeiten zu können, ist eine Beschäftigung mit der Religionsphilosophie und mit der Religionswissenschaft notwendig und in einer religiös pluralen Gesellschaft notwendiger denn je.

Gleichzeitig ist Religionsphilosophie Grundlagentheorie für die Religionswissenschaft.

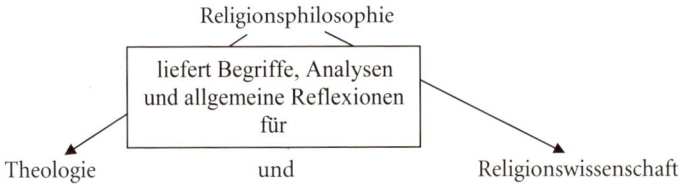

Zusammenfassend kann man auch mit einem missverständlichen Ausdruck[49] davon reden, dass die Religionsphilosophie eher eine Außenperspektive einnimmt, während die Systematische Theologie von einer Innenperspektive lebt. Ziel ist in der Systematischen Theologie eine Erhellung von Welt, Mensch und Gott durch Jesus Christus; in der Religionsphilosophie ist das Ziel der kreative Aufstieg zu neuen und höheren Ebenen der Interpretation religiöser Phänomene. In einem weiten, an Hegel und Plato erinnernden Sinne kann man auch von dem höheren Begriff von Religion als dem Ziel der Religionsphilosophie sprechen, auch wenn man kein Anhänger der platonischen oder hegelschen Tradition ist. Der Begriff, das Begreifen auf höchster und umfassender Stufe kann nämlich auch beispielsweise ein Begriff von der Sinnlosigkeit und Leere des Religiösen sein; oder seine Rückführung auf soziale und evolutionäre Sachverhalte.

---

49 Missverständlich ist der Ausdruck einmal, weil er theologischem Selbstverständnis widerspricht. Diesem zufolge gibt es keine Außenperspektive auf Gott. Missverständlich ist er außerdem, weil er suggeriert, nur wer außerhalb einer positiven Religion steht, könne Religionsphilosoph sein und umgekehrt.

Es ist charakteristisch für den Menschen und seine Exzentrizität (wie Plessner gesagt hat), für seine Fähigkeit, sich von sich selber zu distanzieren und sich selber und diese Selbstdistanzierung zu reflektieren, dass eine Spezialform, insbesondere eine philosophische Spezialform dieser Selbstdistanzierungsmöglichkeit eben im Aufsteigen zu einer anderen Schicht, einem anderen „Stratum", besteht; man könnte als Spezialform hier so etwas sehen wie eine „Extrastratizität", das heißt eine aus der Schicht herausgehende Möglichkeit des Deutens und Interpretierens, um zu grundsätzlich neuen Gesichtspunkten zu kommen, zu einem geistigen neuen Kontinent aufzusteigen.[50]

Die Unterschiede zwischen Systematischer Theologie und Religionsphilosophie können in folgendem Schema dargestellt werden:

	Religionsphilosophie	*Systematische Theologie*
Lektüre des Symbolsystems einer Religion	Tendenziell konstruktivistisch, in indirekter Rede (Zitat)	Tendenziell realistische Lektüre des Symbolsystems einer Religion in direkter Rede (Zuspruch, assertio)
Gottesverständnis	Begriff: Elohim	Name: JHWH
Betonung	Besonderheit im Rahmen eines Typus	Singularität
Vorrangige sprachliche Äußerung	Konzeptuell-analytisch	Narrativ
Sachbezug	Distanziert, vergleichend, neutral	Einbezogenwerden, Glaube, existentielles Beteiligtsein
Perspektive und Ziel	„Außenperspektive", kreativer Aufstieg zu Allgemeinbegriffen von Religion	„Innenperspektive", Erhellung von Mensch, Welt und Gott durch Jesus Christus

---

50 Lenk, Hans, Kreative Aufstiege. Zur Philosophie und Psychologie der Kreativität, Frankfurt a. M. 2000, 66.

4.4 Folgerungen für die Zusammenarbeit und für die Übergänge zwischen Theologie und Religionsphilosophie

Dies führt auch zu inhaltlichen Folgerungen: Wenn man Systematische Theologie und Religionsphilosophie so relativ deutlich trennt, dann kann daraus nur folgen, dass religionsphilosophische und systematisch-theologische Überlegungen in sehr vielen Fragestellungen zusammenarbeiten müssen. Kein Theologe sollte den Blick von außen scheuen, weil dieser Blick ihm zahlreiche neue Erkenntnisse bringt. Dies verlangt Mut, weil sie ein Loslassen der eigenen Glaubensperspektive verlangt; dieser Mut wird durch eine klarere und vollständigere Sicht auf sich selbst belohnt. Umgekehrt sollte kein Religionsphilosoph sich scheuen, auch die Innenperspektive einer von ihm untersuchten Religion einzunehmen, soweit er es kann. Erst wenn er dies tut, versteht er den existentiellen Ernst einer Religion und die sich daraus ergebenden Konsequenzen. Es herrscht ein gegenseitiges Kooperationsverhältnis: Religionsphilosophie ist unverzichtbare Hilfswissenschaft für die Systematische Theologie und Systematische Theologie ist kaum verzichtbare Hilfswissenschaft für die Religionswissenschaft.[51]

Wichtige und unverzichtbare theologische und religionsphilosophische Fragestellungen entstehen dadurch, dass man beide Zugänge in ein kritisches Gespräch miteinander bringt. Ob Religionsphilosophie und Theologie auch im Höchsten und Letzten, also etwa im Gottesbegriff konvergieren (wie bei Schleiermacher), ob sie sich im Letzten als identisch erweisen (wie bei Tillich) oder ob sie sich als unversöhnliche Gegner erweisen (wie es in Blaise Pascals Mémorial: „Dieu d'Abraham, […] et non des philosophes" erscheint), muss im Rahmen unserer Untersuchungen offen bleiben.

Geklärt werden kann aber der besondere Status von Ansätzen innerhalb der Theologie, die wissenschaftliche Theologie in stärkerer Distanz von der kirchlich-beruflichen und von der Glaubensperspektive betreiben. Diese Positionen vermögen es, in der Gegenwart der Theologie eine größere öffentliche Bedeutung zu geben als es traditionelle-

---

51 Dass eine Wissenschaft für eine andere Wissenschaft Hilfswissenschaft ist, besagt nichts anderes als, dass sie für diese nützlich oder gar notwendig ist. Es ist ein Ehrentitel und keineswegs eine Herabwürdigung. Ich danke Herrn Dr. habil. Bertram Schmitz für diesen Hinweis.

ren Ansätzen gelingt. Da sie eine andere Sicht von Theologie, als die in diesem Buch vertretene, befürworten, muss auf sie eigens eingegangen werden. Vor allem der Ansatz, Theologie als Theorie des Christentums zu betreiben, ist hier zu nennen. Autoren wie T. Rendtorff und F. W. Graf in Deutschland oder P. Gisel in der Schweiz haben in dieser Richtung eine Neuausrichtung von Theologie gefordert. Im Anschluss an Ernst Troeltsch soll Theologie Kulturwissenschaft im Rahmen einer Religionstheorie mit soziologischer und historischer Ausrichtung werden. Im Unterschied zu nichttheologischen Kulturtheorien halten die genannten Autoren an der Rede von Gott oder dem Absoluten fest und entwickeln aus den Kenntnissen des Christentums und seiner Geschichte interessante und sehr anregende Perspektiven auf das 20. und 21. Jahrhundert wie die Thematisierung der „Wiederkehr der Götter" (Graf) oder der „Neuzusammensetzung des Religiösen" (Gisel). Nach unserer Unterscheidung arbeiten die genannten Autoren auf der Grenze zwischen Systematischer Theologie und Religionsphilosophie. Manche Male geht es um eine Erhellung der Gegenwart durch Rückgang auf das im Christentum Wesentliche; dann wieder und in den ausführlichsten Passagen geht es eher um am Allgemeinen orientierte Religions-, Kultur- und Gesellschaftstheorie. Mal geht es mehr um eine Innen-, mal eher um eine Außenperspektive. Dass diese Arbeit auf der Grenze viele Erkenntnisse erschließt, die theologisch wie kulturell sehr relevant sind, wird niemand bestreiten können. Dass diese Autoren für ihr Projekt auch den Namen „Theologie" wählen, wird man verstehen, zumal sie sich auf die philosophische Herkunft des Theologiebegriffs bei Plato[52] (427–347 v. Chr.) und Terentius Varro (116–27 v. Chr.) mit seiner Dreiteilung der Theologie in politische Theologie, mythologische Theologie und natürliche Theologie berufen.[53] Ebenso können sie sich darauf berufen, dass Theologie bei Augustinus, bei Thomas von Aquin und noch bis ins 19. Jahrhundert noch nicht diese christozentrische Konzentration in ihrer Grundlegung entwickelt hatte. Dennoch scheint eine Umwandlung der Systematischen Theologie in diese Richtung ein Differenzierungsverlust zu sein, der dazu führen kann, dass weder der theologische Ansatz, noch der religionsphilosophische

---

52 Vgl. Plato, Politeia, 2. Buch, XVII, 379a5 f.
53 Vgl. z. B. Gisel, Pierre, La théologie 9 mit Stellenangaben.

in letzter Konsequenz durchgeführt wird. In der Theologie könnten Wahrheitsfragen in den Hintergrund treten; in der Religionsphilosophie gäbe es wohl gelegentlich zu starke christliche Verankerungen.

Im Sinne des in diesem Buch vertretenen Ansatzes kann man die Arbeit im Übergangsfeld von Theologie und Religionsphilosophie aber sehr positiv als Kombinatorische Theologie mit intensiven Übersetzungsproblemen, aber auch Chancen (oder Gefahren) zum Einstieg und Ausstieg in die Theologie betrachten. Die Effekte dieser Kombinatorischen Theologie sind wie bei jeder Kombinatorischen Theologie ambivalent: Einer Religion nicht verbundene Menschen können durch religionsphilosophische Überlegungen an eine bestimmte Religion herangeführt werden. In gewisser Weise setzt die Kombinatorik aus Religionsphilosophie und Systematischer Theologie die Tradition der Apologetik in ihrem besten Sinne fort. Die religionsphilosophische Außenperspektive kann aber auch zu einer Entfremdung und zu einem Ausstieg aus der Theologie oder zu einer „Selbstsäkularisierung" (Huber, Dalferth) derselben führen.

Religionsphilosophie und Systematische Theologie sollen deshalb ihre unterschiedlichen Wege von ihren eigenen Anfängen bis zu dem ihnen eigenen Ende gehen – und trotzdem in einem intensiven Gespräch durch vielfältige, gar nicht auf eine Formel zu bringende Bezüge miteinander verbunden bleiben. Was sie eint, sind unter anderem auch ihre möglichen Ausrichtungen auf ähnliche thematische Horizonte: Ganz ähnlich wie Systematische Theologie an den Themen Glaube, Wort Gottes und Geschichte/Sein orientiert war, gibt es heute Religionsphilosophie, die vorrangig

1. an religiöser Erfahrung (phänomenologische und religionspsychologisch inspirierte Richtungen) orientiert ist. Vertieft wird diese Vorgehensweise häufig durch transzendentalphilosophische Überlegungen (Blondel/Rahner/Schaeffler),
2. an der Analyse religiöser Sprache (Analytische Religionsphilosophie) oder
3. an Geschichte (zahlreiche Analysen von Troeltsch, Graf oder Gisel) oder – heute weniger modern – an ontologisch-metaphysischen Fragen (z. B. Tillich) interessiert ist.

Religiöse „Erfahrung" und deren Möglichkeitsbedingungen (Phänomenologen, James, transzendentalphilosophische Religionsphilosophen: Blondel).

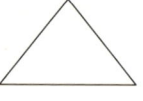

Analyse religiöser Sprache (Sprachanalytische Religionsphilosophie)

Geschichte/Sein (Troeltsch/Tillich)

Um Religionsphilosophie auf hohem Niveau betreiben zu können, wird man sich deshalb vertiefte Kenntnisse in Sprachanalyse, Phänomenologie, in der Ontologie und der Geschichte der Religionen erwerben müssen. Auf Seite 151 finden Sie dazu einige Literaturempfehlungen.

Die Systematische Theologie und die Religionsphilosophie haben das gemeinsam, dass sie keine exklusiven Methoden im Umgang mit Texten besitzen. In beiden geht es weitgehend um das Lesen, Zusammenfassen, Interpretieren und Kritisieren.

Literaturempfehlungen

FERBER, Rafael, Wann sind Axiome wahr?, in: Philosophische Grundbegriffe. Eine Einführung, Bd. 1, München [7]2003, 75–86. (Eine gut lesbare Zusammenfassung der wissenschaftstheoretischen Diskussionen um die Evidenz von Axiomen.)

FREI, Hans W., Five Types of Christian Doctrine, New Haven/London 1992, bes. 28–55. (Der reformierte Dogmatiker von Yale teilt amerikanische und deutsche theologische Ansätze nach dem hier vorgeschlagenen Kriterium von theologischer oder religionsphilosophischer Grundlegung ein.)

GRÄTZEL, Stephan/KREINER, Armin, Religionsphilosophie, Stuttgart/Weimar 1999. (Ein informationsreiches und klares Lehrbuch, das auch Ansätze christlicher, jüdischer, islamischer und indischer Religionsphilosophie berücksichtigt.)

JOAS, Hans, Braucht der Mensch Religion?, Freiburg i. Br. 2004. (Eine gut zu lesende Einleitung in religionsphilosophisches Denken der Gegenwart.)

LADRIÈRE, Jean, La théologie et le langage de l'interprétation, in : Revue théologique de Louvain 1, 1970, 241–267. (Der programmatische Aufsatz von Ladrière, in dem er die Unterscheidung von interprétation fondatrice und interprétation effectuante entfaltet.)

SCHAEFFER, Richard, Religionsphilosophie, Studienausgabe, Freiburg i. Br./München 2002. (Eine Darstellung des Weges zur transzendentalphilosophischen, phänomenologischen und sprachanalytischen Religionsphilosophie).

SCHMITZ, Bertram, „Religion" und seine Entsprechungen im interkulturellen Bereich, Marburg 1996. (Informiert über die Problematik der Äquivalente des Religionsbegriffs in anderen Kulturen.)

Aufgaben

Unser Beispieltext: *Anselm von Canterbury, Proslogion Kapitel 2*

Da die ersten Methodenschritte es mit dem Umgang mit Texten zu tun haben, wählen wir einen Text aus, an dem diese Methodenschritte exemplarisch durchgeführt werden. Der gewählte Text stammt von Anselm von Canterbury und ist das berühmte Kapitel 2 des *Proslogion*, der Text, in dem er seinen berühmten Gottesbeweis führt, den Immanuel Kant 1781 in der *Kritik der reinen Vernunft* den „ontologischen Gottesbeweis" genannt hat:

2. KAPITEL

Daß in Wahrheit Gott existiert

Also, Herr, der Du die Glaubenseinsicht gibst, verleihe mir, daß ich, soweit Du es nützlich weißt, einsehe, daß Du bist, wie wir glauben, und das bist, was wir glauben. Und zwar glauben wir, daß Du etwas bist, über dem nichts Größeres gedacht werden kann.

Gibt es also ein solches Wesen nicht, weil „der Tor in seinem Herzen gesprochen hat: es ist kein Gott"? Aber sicherlich, wenn dieser Tor eben das hört, was ich sage: „etwas, über dem nichts Größeres gedacht werden kann", versteht er, was er hört; und was er versteht, ist in seinem Verstande, auch wenn er nicht einsieht, daß dies existiert.

Denn ein anderes ist es, daß ein Ding im Verstande ist, ein anderes, einzusehen, daß das Ding existiert. Denn wenn ein Maler vorausdenkt, was er schaffen wird, hat er zwar im Verstande, erkennt aber noch nicht, daß existiert, was er noch nicht geschaffen hat. Wenn er aber schon geschaffen hat, hat er sowohl im Verstande, als er auch einsieht, daß existiert, was er bereits geschaffen hat.

So wird auch der Tor überführt, daß wenigstens im Verstande etwas ist, über dem nichts Größeres gedacht werden kann, weil er das versteht, wenn er es hört, und was immer verstanden wird, ist im Verstande.

Und sicherlich kann „das, über dem Größeres nicht gedacht werden kann" nicht im Verstande allein sein. Denn wenn es wenigstens im Verstande allein ist, kann gedacht werden, daß es auch in Wirklichkeit existiere – was größer ist. Wenn also „das über dem Größeres nicht gedacht werden kann", im Verstande allein ist, so ist eben „das, über dem Größeres nicht gedacht werden kann", über dem Größeres gedacht werden kann. Das aber kann gewiß nicht sein. Es existiert also ohne Zweifel „etwas, über dem Größeres nicht gedacht werden kann", sowohl im Verstande als auch in Wirklichkeit.

(Zit. nach Anselm von Canterbury, *Proslogion*, übers. von Pater Franciscus Salesius Schmitt O.S.B., Stuttgart/Bad Cannstatt 1962, 85.87.

1. Handelt es sich bei *Proslogion*, Kapitel 2 um einen theologischen oder um einen religionsphilosophischen Text?
2. Begründen Sie Ihre Entscheidung zu 1. und erklären Sie durch welche Veränderungen im Text ein anderes Urteil möglich wäre!
3. Beziehen Sie folgende biblische Passagen auf die Unterscheidung Religionsphilosophie- Theologie: Apg 17, 22–32 und 2. Mos. 3,13–15.
4. Macht die Sünde es dem Menschen unmöglich Theologie zu betreiben?
5. Lesen Sie Plato, *Politeia*, Buch 2, Abschnitt VII! Welches Verständnis von Theologie wird dort vertreten?

5. Wie lese ich einen Text?

5.1 Zur Bedeutung des Lesens in der Systematischen Theologie und Religionsphilosophie

Religionsphilosophen und Theologen müssen sich viel mit dem Lesen von Texten beschäftigen. Wer nicht gerne liest, kann in diesen Fächern kaum zu Erkenntnissen gelangen. Warum ist dies so? Dafür gibt es zumindest einen theologiespezifischen Gedankengang: Damit Theologie als Wissenschaft betrieben werden kann, ist eine Interpretation der Offenbarung Gottes in Jesus Christus nötig. Diese wird Menschen auf unterschiedliche Weise vermittelt: durch biblische und nichtbiblische Texte, durch Predigten, Gespräche, durch Gesten und Blicke, durch Sakramente und sakramentähnliche Handlungen (sacramentalia), durch Bilder, durch Musik und möglicherweise noch durch andere Vermittlungen. Betrachtet man diese Vermittlungsweisen, dann nehmen Texte einen großen Raum ein. Auch die Durchführung der Interpretation (interprétation effectuante) findet sich meistens in Texten festgehalten.

Somit spielen Texte in der christlichen Theologie eine besondere Rolle,

– weil nach reformatorischer Lehre die Vermittlung Jesu Christi durch das Wort (und das Sakrament) zentral ist,
– weil wissenschaftliche christliche Theologie sich fast ausschließlich im Medium von Texten entwickelt,
– weil Texte sich besonders eignen, Gegenstand von wissenschaftlicher Bearbeitung zu sein.

In der Religionsphilosophie sind Texte aus analogen Gründen von besonderer Bedeutung. Texte zu lesen ist wichtig, weil zahlreiche Religionen Heilige Schriften und andere wichtige Texte besitzen, die es zu interpretieren gilt und weil sich die Religionsphilosophie als Wissenschaft vorrangig im Medium von Texten weiterentwickelt. Sowohl für die Systematische Theologie als auch für die Religionsphilosophie ist darum das Lesen von Texten grundlegend.

Was aber ist ein Text?

Definition 5

Ein Text ist eine Folge von Sätzen, die in der Regel zu einer natürlichen Sprache (wie Deutsch, Englisch, Lateinisch usw.) gehören. Die Sätze eines Textes bieten normalerweise einen gewissen folgerichtigen inneren Zusammenhang (Kohärenz) und sind Bestandteile einer Kommunikation. Sie sind in der Regel auch in gewisser Weise in sich abgeschlossen, haben also einen Anfang und ein Ende.

Ohne das Lesen von einigen wichtigen Texten lässt sich weder Religionsphilosophie noch Theologie mit Erfolg studieren. Es ist ein Irrtum, sich im Wesentlichen mit dem Hören von Vorlesungen und dem Lesen von Zusammenfassungen in Lehrbüchern zu begnügen. Manche Texte muss man im Original gelesen und bedacht haben.

Wem dies deutlich wird, steht aber in der zweiten Gefahr, dass er denkt, er müsse die vielen Bücher, die empfohlen werden oder gar die vielen Werke, die in einer Bibliothek stehen, alle lesen. So viel Zeit hat man weder im Studium, noch im Leben. Man kann noch nicht einmal alle guten Bücher lesen, die es in einem Fachgebiet wie der Theologie oder der Religionsphilosophie gibt. Deshalb die Empfehlung: Stellen Sie sich eine Leseliste auf und vermeiden Sie typische Lesefehler!

Leseliste und typische Lesefehler

Die meisten Studierenden machen mehr oder weniger große Lesefehler. Die häufigsten Lesefehler sind, dass man

– zu wenig
– zu viel
– das Falsche
– zu undifferenziert
– nicht ergebnisorientiert genug oder
– nicht kritisch liest.

Man sollte von den klassischen Autoren zwei, drei zentrale, ruhig auch kürzere Texte gelesen haben. Klassische Autoren in der evangelischen Theologie sind nach allgemeinem Urteil zumindest: Luther, Calvin, Schleiermacher, Troeltsch, Barth, Bonhoeffer, Bultmann, Tillich, Jüngel, Moltmann und Pannenberg. Aus der Geschichte vor der Reformation kommen zumindest Augustinus und Thomas von Aquin hinzu.

In Religionsphilosophie sind die allgemein anerkannten Klassiker zumindest die Autoren, die die philosophische Gotteslehre geprägt haben: also neben Plato und Aristoteles, die Gottesbeweise und die Gotteslehren von Anselm, Thomas, Descartes und Spinoza, die Theodizee von Leibniz, die Kritik der Gottesbeweise und der Theodizee von Hume und Kant. Hinzu kommt dann der Neuansatz bei der religiösen Erfahrung, wobei Schleiermachers *Reden über die Religion* und William James, *Die Vielfalt religiöser Erfahrung* die wichtigsten Werke sind. Schließlich ist die Religionskritik von Feuerbach, Marx, Nietzsche und Freud ebenso unumgänglich wie die deutschen Idealisten (Fichte, Hegel, Schelling) und Pascals Kapitel über die Wette. Auch in Heidegger und Wittgenstein sollten man schließlich mehr als einen nur flüchtigen Blick geworfen haben.

Man sollte einen einführenden Überblick über die Theoriegeschichte des Faches gelesen haben.

Man sollte eine, möglichst nicht allzu einseitige Darstellung der gegenwärtigen Fragestellungen und Diskussionen kennen.

Man sollte mindestens einen Gesamtentwurf (am besten einen, der einem besonders zusagt) gelesen haben.

Das klingt alles viel, ist aber eigentlich gar nicht so viel, da Sie mehrere Jahre Zeit für diese Lektüren haben. Mit dem Lesen von Büchern ist es außerdem wie mit dem Essen eines Elefanten. Man isst einen Elefanten ja auch nicht auf einmal, sondern Stückchen für Stückchen.

Wenn man sich für die Erstellung seiner Lektüreliste gut beraten lässt, selbst länger Bücher prüft, ob sie geeignet sind und notfalls auch noch einmal ein Buch gegen ein besseres austauscht, dann müsste die Gefahr Falsches zu lesen, gebannt sein.

Ein typischer Lesefehler besteht außerdem darin, dass man alles gleich schnell und damit meist auch gleich langsam liest. In Wirklichkeit kann man bei zahlreichen Büchern viel schneller vorangehen und sogar ganze Seiten überblättern, ohne dass man Wesentliches vom Inhalt verpasst.

Es gibt Trainings zur Verbesserung der Lesegeschwindigkeit. Solche Trainings sind häufig sinnvoll, vor allem, weil sie auf typische Lesefehler hinweisen. Der vielleicht am weitesten verbreitete Fehler ist, dass jemand liest als sollte er vorlesen und die Worte sozusagen still noch für sich mitsagt. Lesetrainings machen darauf aufmerksam, dass das Auge viel schneller ganze Sätze und Seiten erfassen kann als unser Mund sprechen könnte.

Ein weiterer wichtiger Hinweis aus Lesetrainings ist, dass man nicht Wort für Wort, sondern ganze Wortgruppen auf einmal im Lesen aufnehmen kann.

Machen wir eine Übung! Unternehmen Sie den Versuch, das Wesentliche in einem Buch von vielen 100 Seiten in einer Stunde zu erfassen! Gehen Sie so vor: Lesen Sie zuerst das Inhaltsverzeichnis und machen Sie sich deutlich, was Sie in dem Buch erwarten. Lesen Sie dann Anfang und Schluss und schließlich Kapitel in der Mitte, die Ihnen besonders wichtig erscheinen. Sie werden sehen: Nicht selten wird es Ihnen gelingen, Vieles richtig zu erfassen.

Nicht selten kommt es vor, dass ein Studierender Bücher und Aufsätze liest, am Ende aber nicht recht weiß, was Wichtiges in den Texten stand. Der Studierende war abgelenkt von Anmerkungen, Exkursen und Nebenbemerkungen, von eigenen Assoziationen und Überlegungen, dass die eigentliche Aussage verloren gegangen ist. Dies ist dann nicht negativ, wenn genau dies die Absicht des Lesens war: man hat bewusst etwas in den Anmerkungen gesucht, das man aus anderen Gründen benötigt. In diesem Falle hat man den Text eigentlich auch gar nicht gelesen, sondern etwas in ihm gesucht, ihn genutzt, um etwas zu finden. Nicht problematisch ist auch das impressionistische Lesen, wenn es das Ziel ist, sich einfach unterhalten oder anregen zu lassen.

Problematisch ist das Lesen, das die Textaussage nicht erfasst aber dann, wenn es das Ziel war, gerade diese in sich aufzunehmen.

In diesem Fall braucht man keine Sorge zu haben. Man kann es lernen, die Textaussage zu erfassen. Dazu brauchen wir aber einige Grundbegriffe der Semiotik:

Grundbegriffe der Semiotik

Semiotik ist die Wissenschaft von den Zeichen. Sie hilft uns zu zweierlei:

– Zur genaueren Beschreibung dessen, was es bedeutet, sich durch Texte auf den Gegenstand der Theologie oder der Religionsphilosophie zu beziehen.
– Zur Anlage eines „Werkzeugkastens" (Volli) um Textphänomene zu beschreiben.

Ein Grundgedanke eines Elements dieses Werkzeugkastens, der funktionalen Semiotik, ist die Unterscheidung zwischen einem Thema und der Aussage (dem Rhema), die über ein Thema gemacht wird. Es wird immer etwas (= Rhema) über etwas (= Thema) geschrieben.

Einen Text kann man nur dann mit Verständnis lesen, wenn man weiß, über welches Thema geredet wird, und wenn man festhalten kann, was da gesagt wird.

Die Unterscheidung von Thema und Rhema wurde innerhalb der so genannten „Prager Schule" (Jacobson, Daneš) entwickelt und zuerst auf Sätze und dann auf ganze Texte angewendet.

Das Thema ist dabei tendenziell das Alte, das irgendwie bereits Bekannte, während das Rhema meist das Neue, das Unbekannte, den Zweck der Mitteilung kennzeichnet.

Beispiel: Rom war in der Antike bereits eine Millionenstadt.

In diesem Beispiel ist Rom das Thema, über das eine Aussage gemacht wird. Rom wird als in Umrissen bereits bekannt vorausgesetzt. Das Rhema ist die Aussage „war in der Antike bereits eine Millionenstadt". Durch das Rhema wird meist die Absicht verfolgt, etwas Neues mitzuteilen.

Einige Sprachen, die nicht wie die indoeuropäischen Sprachen nach Subjekt und Prädikat strukturiert sind, heben die Thema-Rhema-Struktur dadurch hervor, dass sie Thema-Partikel verwenden. Das Japanische は („wa") ist eine solche Thema-Partikel. Sie wird auf Deutsch manchmal mit „was anbetrifft" umschrieben.

„*Thema, das (gr. θεμα = das Gesetzte, Aufgestellte): Im Rahmen der funktionalen Satzperspektive das der Mitteilung Zugrundeliegende; das, worüber gesprochen wird; die aus der Kommunikationssituation oder vorangegangenem Kontext ableitbare, bereits bekannte Information*" (*aus* ULRICH, Winfried, Wörterbuch linguistische Grundbegriffe *188*).

„*Rhema, das (gr. ρημα = Äußerung, Ausspruch): im Rahmen der funktionalen Satzperspektive der Mitteilungskern; das, was über das Thema ausgesagt wird; die unbekannte, neue, nicht aus dem Vorausgehenden ableitbare Information*" (*aaO. 152*).

Ein Text gewinnt dadurch seine Einheitlichkeit, dass ein Fortschreiten in der Behandlung eines Themas stattfindet (Thematische Progression).

Der Prager Linguist Daneš entwickelte fünf Haupttypen der thematischen Progression:

1. Einfache lineare thematische Progression: Das Rhema des vorhergehenden Satzes wird zum Thema des nachfolgenden Satzes: Z.B. „Studierende *arbeiten mit Texten* (= Rhema von Satz A). *Das* (= Thema von Satz B, identisch mit dem Rhema von Satz A) bereitet ihnen manchmal viel Vergnügen."

2. Thematische Progression mit durchlaufendem Thema: das Thema bleibt in einer Folge von Sätzen gleich. Z.B. „*Eric* (= Thema) studiert Religionsphilosophie. *Er* (= Thema) beschäftigt sich zurzeit mit Kant. *Er* (Thema) liest gerade die Schrift ‚Die Religion innerhalb der Grenzen der bloßen Vernunft'. Dabei macht **er** äußerst gute Entdeckungen."

3. Thematische Progression mit abgeleitetem Thema: Die Themen mehrerer Sätze sind von einem übergeordneten Thema (Hyperthema) abhängig. Z.B. „Franziska ist nervös. Fritz dagegen gut gelaunt. Yasmine ist sehr konzentriert. Gleich verteilt der Assistent die Fragen. Es geht los." Als Hyperthema dieses Textes könnte man nennen: Der Prüfungsbeginn. Er wird be-

schrieben durch die unterschiedlichen Verhaltensweisen der beteiligten Personen.

4. Entwicklung eines gespaltenen Rhemas. Beispiel: „Die Theologie (Thema 1) sieht sich im 19. Jahrhundert unterschiedlichen kritischen Einwänden ausgesetzt. Zum einen wird ihr das Scheitern der Gottesbeweise zur Last gelegt (Rhema 1), zum anderen wird die christliche Ethik scharf attackiert (Rhema 2). Die erste Kritik (Thema 2 = Rhema 1) führt zu einer agnostischen Einstellung vieler Gebildeter, die zweite (Thema 3 = Rhema 2) führt zur Forderung einer Abschaffung der christlichen Mitleidsethik bei Philosophen wie Friedrich Nietzsche und Max Stirner."

5. Thematische Progression mit thematischem Sprung. Ein Glied der thematischen Kette wird ausgelassen, ist aber aus dem Kontextwissen für die Leser leicht erschließbar. Beispiel: „Für Marx (Thema 1) war mit Feuerbach die Kritik der Religion abgeschlossen (Rhema 1). *(Feuerbach sah in Gott eine Wunschprojektion des Menschen. Nicht gesagter, aber vorausgesetzter Satz)*. Weil Gott eine Projektion menschlicher Wünsche ist (Thema 2), bleibt nur zu erklären, warum der Mensch dazu kommt, solche Wunschbilder zu entwerfen (Rhema 2)."

Der Sinn einer Rekonstruktion der thematischen Progression eines Textes besteht darin, dass man an einem Text zeigen kann, was das Thema/die Themen eines Textes sind, ob und wann Themenwechsel stattfinden usw. Die Thema-Rhema-Rekonstruktion ist eine erste Methode zur Erfassung der Kohärenz und auch der möglichen Kohärenzlücken eines Textes.

5.2 Wie finde ich die zentrale Aussage eines Textes?

Um die Aussage eines Textes zu erfassen, muss man Thema und zentrales Rhema erfassen. Wie geht dies?

– Manchmal hilft uns der Text direkt dadurch, dass Thema oder gar Thema und zentrales Rhema im Titel oder im Untertitel zum Ausdruck kommen. Beispiel: Eilert Herms: Theologie – eine Erfahrungswissenschaft.

– In anderen Fällen hilft uns der Text dadurch, dass er eine Zusammenfassung bietet.

– Wenn dies nicht der Fall ist, dann kann man mit Hilfe der Theorie von Daneš das Thema eines Textes dadurch entdecken, dass man danach fragt, was dem Text seinen inneren Zusammenhang, seine Kohärenz, gibt. Dieses Thema gilt es möglichst genau, d.h. weder zu weit, noch zu eng zu bestimmen. In einem zweiten Schritt kann man danach fragen: Welches ist das zentrale Rhema? Texte helfen oft dazu, dieses zu finden, indem bestimmte Rhemamarker eingesetzt werden.

– Ein Rhemamarker ist zum Beispiel die Hervorhebung in einer vorstrukturierenden Bemerkung, einem so genannten „advanced organizer" (Ausubel): Der Autor erklärt, was er vorhat. Beispiel: „Mit diesem Aufsatz möchte ich zeigen, dass Theologie nur als kontextuelle Theologie betrieben werden kann. Ich tue dies, indem ich nacheinander alle Einwände gegen diesen Ansatz widerlege".

– Ein anderer Rhemamarker ist die Hervorhebung durch die Stellung einer Aussage am Ende des Textes. Auch wenn nicht ausdrücklich gesagt wird, dass hier eine Zusammenfassung des Wichtigsten gegeben werden soll, haben viele Autoren die Angewohnheit, am Ende, oder kurz vor dem Ende des Textes ihr Aussagenziel oder das Entscheidende zu formulieren.

– Ein weiterer Rhemamarker sind Hervorhebungen im Text durch Kursiv- oder Fettdruck oder durch Unterstreichungen. Hebt ein Autor in dieser Weise einen Inhalt hervor, dann können Sie sicher sein, dass es sich um ein wichtiges Rhema handelt.

– Finden Sie nun immer noch nicht Thema und zentrales Rhema des Textes, können Sie so vorgehen: Suchen Sie für jeden einzelnen Abschnitt des Textes einen Titel der für den Abschnitt Thema und Rhema angibt. Der Titel wird in der Regel *ein* Satz oder *ein* Satzteil sein. Schreiben Sie die Titel der Abschnitte untereinander und versuchen sie aus den so entstandenen Notizen einen kürzeren Text zu machen, der im Wesentlichen dieselbe Information enthält! Beachten Sie, dass nach Möglichkeit ein in sich zusammenhängender, kohärenter Text entstehen soll. Fragt man nach der Kohärenz des Textes, der so entsteht, dann kann man meistens Thema und zentrales Rhema eines Textes auffinden.

– Gelingt auch die zweite Methode nicht, dann haben Sie entweder einen unorthodox organisierten Text (z. B. avantgardistische Literatur) vorliegen oder Sie haben etwas falsch gemacht.

Mit der Arbeit an der thematischen Progression eines Textes können Sie einen Schritt vollziehen, der später für die textbeschreibende Interpretation von sehr großer Bedeutung ist: Sie können die Gliederung des Textes zur Darstellung bringen. Das heißt, Sie können an den Rand des Textes oder auf ein eigenes Blatt (am besten ist es oft, beides zu tun) die Abschnitte und die Unterabschnitte markieren und Sie können diesen Unterabschnitten eigene Titel geben, die ihr Thema und/ oder ihr zentrales Rhema bezeichnen. Praktisch wird man so vorgehen, dass man sich in der Regel an die Einrückungen im Text halten kann und jedem eingerückten Abschnitt einen Gliederungspunkt zuordnen kann. Solche Gliederungen helfen nicht nur, Passagen im Text wiederzufinden. Es lohnt sich auch, über die Gliederungen nachzudenken. Bei ihnen wird manchmal bereits deutlich, dass der Verfasser einzelne logisch zum Thema gehörige Aspekte weglässt (Frage: warum wohl?) oder dass er bestimmte Punkte anderen unterordnet, obwohl man es auch umgekehrt machen könnte.

Typische Gliederungen für Texte sind:

Die *sequentielle Gliederung*, d. h. eine Gliederung, die einen gleichgeordneten Abschnitt auf den anderen folgen lässt.

Beispiel:

1. Das Verhältnis von Kirche und Staat im Altertum.
2. Das Verhältnis von Kirche und Staat im Mittelalter.
3. Das Verhältnis von Kirche und Staat in der Neuzeit.

In diesem Beispiel ist die sequentielle Gliederung durch die zeitliche Abfolge bestimmt. Sequentielle Gliederungen sind aber auch Gliederungen, in denen ein gleichrangiges Thema nach dem anderen abgehandelt wird. Dabei lohnt es sich, die Frage zu stellen, ob die Reihenfolge (1., 2., 3.) einen besonderen Grund hat, oder ob sie auch anders gewählt werden könnte.

Die *hierarchische Gliederung*, d. h. die Gliederung bei der einem Oberthema mehrere Unterthemen zugeordnet werden.

Beispiel:

Das wissenschaftliche Selbstverständnis der Theologischen Fächer

1. Altes Testament
2. Neues Testament
3. Kirchengeschichte
4. Systematische Theologie
     a. Dogmatik
     b. Ethik
     c. Kombinatorik
5. Praktische Theologie

Dieses Beispiel enthält zwei hierarchische Gliederungsebenen. Auf der ersten (1.–5.) sind die klassischen theologischen Fächer benannt; auf der zweiten (a.–c) die Teilgebiete der Systematischen Theologie. Die erste Gliederungsebene ist der zweiten hierarchisch übergeordnet.

Wie dieses Beispiel zeigt, schließen hierarchische Gliederungen fast immer auch sequentielle Elemente auf jeder einzelnen Ebene mit ein.

Die meisten Gliederungen sind deshalb Mischformen von sequentieller und hierarchischer Gliederung.

In der Theologiegeschichtsschreibung hat man mit Recht viel Wert darauf gelegt, Gliederung und Aufbau der Dogmatiken miteinander zu vergleichen. Dabei kann man zahlreiche Entdeckungen über theologische Vorentscheidungen der Autoren machen.

Mit der Darstellung der zentralen Aussage(n) eines Textes nach dem Schema von Thema und Rhema ist auch der erste Weg zur Kritik gebahnt. Viele lesen Texte unkritisch. Wenn Sie aber das Thema benannt haben, können Sie sich überlegen, was Sie noch und anderes über das Thema wissen. Wenn Sie das zentrale Rhema oder die zentralen Rhemata benannt haben, können Sie überlegen, ob nicht eine andere oder sogar eine direkt das Gegenteil behauptende Aussage mit guten und vielleicht gar besseren Gründen vertreten werden könnte. Beispiel: Theologen machen die Aussage über Gott (= Thema), dass er nur durch Jesus Christus erkannt werden kann (= Rhema). Als Kritiker/in können Sie überlegen, was Sie sonst noch über Gott wissen und wie sich dies zum Rhema der Theologen verhält. Außerdem können Sie Argumente für alternative Aussagen sammeln wie: „Gott wird nur im eigenen Gewissen", „Gott wird auch in der Schöpfung", „Gott wird nicht in Jesus Christus", „Gott wird vollgültig nur im Koran" usw. erkannt. Indem Sie solche Gedanken entwickeln, gelangen Sie zu einem kritischen Lesen; und, was ebenfalls besonders wichtig ist, zu einer Art „Dialog" mit dem Text (Gadamer).

Dies führt wieder zu einem ganz praktischen Hinweis: Lesen Sie wissenschaftliche Literatur immer mit einem Stift und einem Notizbuch! Wenn Ihnen das Gelesene nicht entgleiten soll, hilft es, wenn Sie sich die Grundaussage eines Textes (Thema und Rhema) in ein Notizbuch schreiben. Gleichzeitig können Sie die Gedanken, die Ihnen kritisch und positiv zur Grundaussage einfallen, den „Dialog mit dem Text", festhalten. Außerdem kann man Folgendes festhalten:

– Was habe ich durch die Lektüre gelernt?
– Wie finde ich Inhalte, die ich vielleicht noch einmal benötigen könnte (z. B. um sie für eine Seminararbeit zu zitieren).
– Welche Definitionen von Begriffen habe ich gelernt? Ein Hinweis für das Studium liegt darin, dass Sie sich ein kleines Definitionenbüchlein zulegen. Kaufen Sie ein kleines Buch mit einem alphabetischen Register und notieren Sie darin alle Definitionen, die Ihnen hilfreich erscheinen mit der genauen Quellenangabe! Schaffen Sie auch selbst Definitionen aus Definitionen in Wörterbüchern! Wenn Sie so eine Sammlung wichtiger Definitionen haben, können Sie mit deren Hilfe eine eigene Stellungnahme zu systematisch-theologischen und religionsphilosophischen Fragestellungen erstellen.

Kennzeichen einer guten Definition

Jede Wissenschaft schafft sich eine Terminologie, d.h. eine Reihe von Worten, die die Wissenschaft definiert. Dabei legt man sich darauf fest, dass bestimmte Begriffe für die Zeit der Untersuchung nur in einem bestimmten Sinne gebraucht werden sollen. Sinn einer Terminologie ist das eindeutigere Verstehen unter den Wissenschaftlern sowie die Verbesserung der Möglichkeit, dass wissenschaftliche Aussagen falsifiziert werden können, d.h. dass ihre Falschheit besser festgestellt werden kann. Je bestimmter sich wissenschaftliche Aussagen der Möglichkeit der Falsifizierung aussetzen, umso wertvoller werden sie, wenn es nicht gelingt, sie zu falsifizieren (vgl. dazu Karl Popper).

Die Festlegung der Bedeutung eines Wortes geschieht durch eine Definition.

Wörterbücher und Lexika enthalten zahlreiche wichtige Definitionen.

Eine Definition stellt meist einem einzigen Wort einen oder mehrere Sätze gegenüber. Beispiel: „Der Mensch (= das einzige Wort) ist das Lebewesen, das eine komplexe Sprache beherrscht und sie selbständig kreativ weiterentwickelt (= Definition)".

– Grundregel einer Definition ist Synonymität, das heißt: Das zu definierende Wort und die Definition müssen bedeutungsgleich sein, oder anders ausgedrückt: Die Definition darf keinen weiteren oder engeren Begriffsumfang haben als das zu definierende Wort. Zu definierendes Wort und Definition kann man deshalb im Prinzip in allen Aussagen durcheinander ersetzen, ohne dass sich die Wahrheit der Aussage ändert.

Eine gute Definition darf außerdem nicht:

– Das Wort enthalten, das definiert werden soll.
– Eine Übersetzung des Wortes in eine Fremdsprache enthalten, das definiert werden soll.
– Eigennamen oder eine Aufzählung von Eigennamen enthalten.
– Unnötige Längen haben.

Nach der klassischen Lehre des antiken Philosophen Porphyrius soll nach Möglichkeit eine Definition die nächste übergeordnete Art und die spezifische Differenz, welche das zu definierende Wort kennzeichnet, benennen (genus proximum et differentia specifica). In unserem Beispiel der Definition des Menschen: Lebewesen wäre die Art (wobei man als nächste Art vielleicht besser von einem Säugetier sprechen könnte). Der Bezug zur Sprache wäre die differentia specifica, die den Menschen von allen anderen Lebewesen unterscheidet.

Die Bildung von Definitionen hat es mit zwei Grundproblemen zu tun:

1. Es gibt für viele Begriffe eine Vielzahl von möglichen Definitionen. So kann man einen Menschen definieren als:

„Ein Lebewesen, das im Körperbau einem Affen ähnelt aber weniger behaart ist als ein Affe", „ein Wesen, das Auto fahren kann", „ein Wesen, das sich für Gott und Religion interessiert", „ein Wesen, das eine unsterbliche Seele hat" usw.

2. Letztlich sind alle Definitionen mehr oder weniger unbefriedigend, weil sie die lebendige Bewegung der Sprache in gewisser Weise still stellen und weil in einem ganz strengen Sinne vollkommene Synonyme in der Sprache nicht vorkommen. Außerdem sind nicht wenige Begriffe wie z. B. Spiel, Sprache, Religion, Sein usw. nicht oder kaum definierbar.

Auf das erste Problem hat man so reagiert, dass man unterschiedliche Typen von Definitionen unterschieden hat. Wichtig sind vor allem folgende:

Eine *Realdefinition oder Wesensdefinition*. Sie soll nicht allein irgendein mögliches Synonym als Definition benennen, sondern ein Synonym, das wesentliche Aspekte des zu definierenden Begriffs wiedergibt.

Eine *Nominaldefinition* ist demgegenüber jede beliebige Definition, auch eine vollständig willkürlich gewählte Definition wie „der Mensch ist ein Lebewesen, das Auto fährt".

Eine *pragmatische oder operationale Definition* ist eine Definition, die in bestimmten Handlungszusammenhängen erfolgreich angewandt werden kann. Um Menschen in biologischen Zusammenhängen trennscharf und operationalisierbar von Tieren zu unterscheiden, kann man zum Beispiel eine genetische Definition wählen.

Eine *extensionale Definition* ist eine Definition, die besonderen Wert darauf legt, dass die Gegenstände und Sachverhalte in der Wirklichkeit, die zu dem genannten Begriff gehören, möglichst genau erfasst und von den nicht zu dem Begriff gehörigen unterschieden werden. Solche Definitionen sind zum Beispiel in juristischen Texten sehr wichtig.

Eine *intensionale Definition* bezeichnet demgegenüber vorrangig den gesamten Gehalt eines Wortes mitsamt seiner psychologischen Assoziationen.

Auch dem zweiten Problemkreis kann man auf unterschiedliche Arten begegnen.

– Man kann zum einen das Aufstellen von Definitionen (überhaupt oder in bestimmten Fällen) ablehnen. Für diese Vorgehensweise gibt es berühmte philosophische Vorbilder wie Adorno und Heidegger. Wegen des wissenschaftstheoretischen Verlustes, den ein solches Vorgehen impliziert, wären Theologie und Philosophie schlecht beraten, diesen philosophischen Vorbildern in anderen Fällen zu folgen als in denen ein Verzicht auf Definition begründet ist. Dies ist der Fall bei dem Wort „Sein". Es kann, wie Martin Heidegger am Anfang von *Sein und Zeit* treffend sagt, nicht definiert werden, weil jede Definition durch das „ist" selbst wieder dieses allgemeinste aller Wörter aufnehmen muss. Dies ist auch der Fall bei Eigennamen wie Jesus, Jahwe usw., die man deshalb nicht definiert, weil sie keine Begriffe sind.

– Zum andern kann man Begriffsbestimmungen vornehmen, die keine Definitionen im strengen Sinne einer Synonymität sind, dennoch aber ausreichen, um Begriffe zu klären. Dazu dient zum Beispiel die „Definition" durch Familienähnlichkeit nach Wittgenstein, wie wir sie oben für Religion vorgeschlagen haben. „Definitionen" durch Familienähnlichkeit lassen auch Eigennamen zu.

– Eine verwandte Strategie ist das Herausarbeiten einer idealtypischen Definition. Der Idealtypus ist nach Max Weber

[...] ein Gedankenbild, welches nicht die historische Wirklichkeit oder gar die „eigentliche" Wirklichkeit ist, welches noch viel weniger dazu da ist, als ein Schema zu dienen, in welches die Wirklichkeit als Exemplar eingeordnet werden sollte, sondern welches die Bedeutung eines rein idealen Grenzbegriffes hat, an welchem die Wirklichkeit zur Verdeutlichung bestimmter bedeutsamer Bestandteile ihres empirischen Gehaltes gemessen, mit dem sie verglichen wird. Solche Begriffe sind Gebilde, in welchen wir Zusammenhänge unter Verwendung der Kategorie der objektiven Möglichkeit konstruieren, die unsere, an der Wirklichkeit geschulte Phantasie als adäquat beurteilt. (Weber, Max, *Die „Objektivität" sozialwissenschaftlicher Erkenntnis*, in: Soziologie. Universalgeschichtliche Analysen, Stuttgart [6]1992, 238 f.)

Auch wenn die Wirklichkeit nicht diesem Idealtypus in allen Zügen entspricht, so erlaubt gerade die gesteigerte Darstellung einen wissenschaftlichen Erkenntnisfortschritt.

Wenn Sie Definitionen angeben, so ist es wichtig, dass Sie angeben, um welche Art von Definitionen es sich handelt.

Literaturhinweis: Arbeiten Sie regelmäßig mit theologischen und (religions)philosophischen Lexika wie dem EKL, der RGG, dem HWP oder der TRE!

5.3 Weitere praktische Hinweise zum Umgang mit Lektüre

An einem Text ist nicht nur die Hauptaussage (Thema und zentrales Rhema) wichtig. Wenn Sie aufmerksam einen Text durcharbeiten, dann sollten Sie den Text auch mit Buntstiften bearbeiten. Wenn Sie dies tun, werden Sie feststellen, dass Sie nachher viel leichter den Text lesen und sich den Gedankengang vergegenwärtigen können. In Situationen, in denen Sie wenig Zeit haben, zum Beispiel in der Examensvorbereitung, ist ein so vorbearbeiteter Text von sehr großem Nutzen.

Wie kann man vorgehen:

– Erster Schritt: Ich schreibe ein Stichwort für die Hauptaussage jedes Abschnittes des Textes mit dem Bleistift gut leserlich an den Rand.
– Zweiter Schritt: Ich unterstreiche die Hauptaussagen im Text mit einer Farbe z. B. Dunkelgrün.
– Dritter Schritt: Ich unterstreiche die Aussagen, die die Hauptaussage argumentativ stützen oder inhaltlich präzisieren mit Hellgrün.

– Vierter Schritt: Ich unterstreiche die für den Gesamtzusammenhang des Buches wichtigen Aussagen mit Gelb.
– Fünfter Schritt: Die allerwichtigsten dunkelgrünen Aussagen und die zentralen Begriffe der Hauptaussagen kennzeichne ich mit Rot.

Danach füge ich kleine Zeichen an den Rand des Textes, durch die ich meine Reaktionen festhalte:

– Ein Fragezeichen, wenn mir etwas unklar ist.
– Einen Blitz mit Seitenzahl, wenn mir ein logischer Widerspruch zu einer anderen Textstelle aufgefallen ist.
– Ein Minuszeichen, wenn ich eine Aussage für falsch oder nicht gelungen halte.
– Ein Plus mit Ausrufezeichen, wenn etwas sehr gut und klar gesagt wurde usw.
– Ein Scharnier, wenn ein Abschnitt „Scharnierfunktion" besitzt, das heißt, wenn er von einer Argumentationsweise zu einer anderen überleitet.

Diese Zeichen, die man leicht vermehren kann, bieten einen weiteren Anhaltspunkt nicht nur über den Hauptgedanken, sondern auch über Details in einen kritischen „Dialog" mit dem Text einzutreten.

5.4 Zur Problematik des Übersetzens

Bevor wir aber zu schnell mit einer Kritik des Textes von Anselm beginnen, müssen wir uns klarmachen, dass es sich um einen ursprünglich auf Lateinisch verfassten Text handelt. Seinem Autor werden wir nur gerecht, wenn wir nicht die Übersetzung, sondern den Urtext zum Gegenstand unserer Behandlung machen.

Grundfragen des Übersetzens von Texten

In der Übersetzungswissenschaft geht man heute allgemein davon aus, dass es keine Übersetzung ohne Verluste gibt. Immer gehen bestimmte Nuancen einer Wortbedeutung verloren, niemals kann man alle Elemente z. B. inhaltliche, stilistische, Lautmalereien usw. in eine andere Sprache übersetzen.

Gleichzeitig fügt jede Übersetzung einem Text auch etwas hinzu. Neue Bedeutungsmöglichkeiten werden in einer anderen Sprache vielleicht erst richtig deutlich, Assoziationen und Interpretationen werden möglich, die im ursprünglichen Text nicht vorhanden waren.

Um das, was durch die Übersetzung verloren geht, und um das, was meist als Möglichkeit zu Missverständnissen neu hinzukommt, genau zu benennen, ist das Erlernen von Sprachen für die wissenschaftlich religionsphilosophische und theologische Arbeit von unverzichtbarer Bedeutung.

Es sprechen viele Gründe dafür, dass jede Sprache ihre bestimmte Weltsicht entwickelt, die nur für diese Sprache charakteristisch ist (Humboldt-Worff-Sapir-These).

Des Weiteren fertigen Religionsphilosophen und Theologen auch gelegentlich Übersetzungen an, die manchmal auch veröffentlicht werden. Luther und Schleiermacher waren beispielsweise große Übersetzer. Nach heutiger Übersetzungswissenschaft sollen Übersetzungen in der Regel vor allem den Sinn eines Textes so korrekt wie möglich wiedergeben. Andere Äquivalenzkriterien wie möglichst gleicher Satzbau oder konkordante Übersetzung (d.h. eine Übersetzung, bei der einem Wort in der Ursprungssprache immer nur genau ein Wort in der Zielsprache entspricht), treten nach heutiger Überzeugung weitgehend zurück. Nachahmungen der Ursprungssprache, so wie Schleiermacher sie zum Beispiel mit seinen Platoübersetzungen propagiert hat, können zwar in seltenen Ausnahmefällen die Zielsprache bereichern. Fast immer werden sie aber als stilistisch unbefriedigend empfunden. Eher stimmt die heutige Übersetzungswissenschaft mit Luther überein, der eine wirkliche Verdeutschung der Schrift, bei der er die Sprache des Volkes trifft, beabsichtigt hat, dabei aber dennoch stilistische Elemente aus der Ursprungssprache beibehalten hat.

Literaturempfehlungen

BRINKER, Klaus, Linguistische Textanalyse. Eine Einführung in Grundbegriffe und Methoden, Berlin [6]2005. (Kritische Weiterentwicklung der hier dargestellten Textanalyse.)

ECO, Umberto, Zeichen. Einführung in einen Begriff und seine Geschichte, Frankfurt a. M. 1995. (Ältere, klassische und sehr informative Einführung in die Semiotik.)

MACHEINER, Judith, Übersetzen – Ein Vademecum, Frankfurt a. M. 1995. (Ein praktisches Handbuch zur Thematik des Übersetzens.)

STOLZE, Radegundis, Übersetzungstheorien. Eine Einführung, Tübingen [4]2005. (Eine gute Strukturierung der unterschiedlichen Übersetzungstheorien.)

ULRICH, Winfried, Wörterbuch Linguistische Grundbegriffe, Würzburg [4]1987. (*) (Hervorragendes Nachschlagewerk für linguistische Definitionen.)

VOLLI, Ugo, Semiotik: Eine Einführung in ihre Grundbegriffe, Tübingen/Basel 2002. (*) (Neuere Einführung in den semiotischen Werkzeugkasten.)

Aufgaben

1. Machen Sie eine Thema-Rhema-Analyse unseres Beispieltextes von Anselm!

2. Bestimmen Sie das Hauptthema und zentrales Rhema in unserem Beispieltext von Anselm von Canterbury!

3. Kopieren Sie sich die Inhaltsverzeichnisse von folgenden dogmatischen Entwürfen:
   – Origines, De principiis
   – Thomas von Aquin, Summa theologiae
   – Philipp Melanchthon, Loci communes von 1521
   – Johannes Calvin, Institutio religionis christianae
   – Friedrich Schleiermacher, Der christliche Glaube
   – Karl Barth, Die kirchliche Dogmatik!

   Diskutieren Sie mit anderen, welche Unterschiede und welche erstaunlichen Elemente Ihnen in den Gliederungen auffallen. Welche Gründe vermuten Sie für die jeweilige Gliederung?

4. Definieren Sie – beziehungsweise diskutieren Sie die Definierbarkeit folgender Begriffe: Theologie, Sünde, Ursünde, Glaube, Magie, das Heilige, das Reich Gottes, Wunder.

5. Übersetzen Sie selbst unseren Beispieltext aus dem Lateinischen! Sie finden ihn im folgenden Kästchen.

Quod vere sit deus

Ergo Domine, qui des fidei intellectum, da mihi, ut, quantum scis expedire, intelligam, quia es sicut credimus, et hoc es quod credimus. Et quidem credimus te esse aliquid quo nihil maius cogitari possit.

An ergo non est aliqua talis natura, quia dixit insipiens in corde suo: non est Deus? Sed certe ipse idem insipiens, cum audit hoc ipsum quod dico: „aliquid quo maius nihil cogitari potest", intelligit quod audit; et quod intelligit, in intellectu eius est, etiam si non intelligat illud esse.

Aliud enim est rem esse in intellectu, alium intellegere rem esse. Nam cum pictor praecogitat quae facturus est, habet quidem in intellectu, sed nondum intelligit esse quod nondum fecit. Cum vero iam pinxit, et habet in intellectu et intelligit esse quod iam fecit.

Convincitur ergo etiam insipiens esse vel in intellectu aliquid quo nihil maius cogitari potest, quia hoc, cum audit, intelligit, et quidquid intelligitur, in intellectu est.

Et certe id quo maius cogitari nequit, non potest esse in solo intellectu. Si enim vel in solo intellectu est, potest cogitari esse et in re; quod maius est. Si ergo id quo maius cogitari non potest, est in solo intellectu: id ipsum quo maius cogitari non potest, est quo maius cogitari potest. Sed certe hoc esse non potest. Existit ergo procul dubio aliquid quo maius cogitari non valet, et in intellectu et in re.

6. Welche anderen Übersetzungsmöglichkeiten fallen Ihnen im Vergleich zur oben genannten Übersetzung ein.

7. Welche Verständnismöglichkeiten könnten sich aufgrund der deutschen Übersetzung ergeben, die der lateinische Urtext ausschließt?

6. Wie fasse ich einen Text zusammen?

6.1 Konkrete Hinweise und ein Beispiel

Mit dem genauen Lesen eines Textes haben wir schon alle wichtigen Vorarbeiten für eine gute Zusammenfassung geleistet. Wenn Sie ein/e gute/r Systematiker/in oder Religionsphilosoph/in werden wollen, gibt es einen guten Hinweis: Werden Sie für eine Zeitlang ein Summary man oder ein Summary woman! Schreiben Sie so lange Zusammenfassungen zu allen Texten, die Sie lesen, bis das Zusammenfassen Ihnen in Fleisch und Blut übergegangen ist und bis Sie automatisch von jedem Text, den Sie gerade gelesen haben in ein paar Sätzen sagen können, was der wesentliche Inhalt ist! Je präziser Sie dies können, umso souveräner werden Sie mit Texten umgehen.

Wie wird aus dem Lesen eines Textes eine Zusammenfassung?

a. Eine gute Zusammenfassung benennt meistens im ersten Satz oder in den ersten beiden Sätzen Verfasser, Titel und das Thema des Textes.

b. Ebenfalls sucht eine gute Zusammenfassung gleich zu Beginn den Text zu situieren, das heißt seinen Zusammenhang im Werk des Autors oder in Diskussionen seiner Zeit aufzuzeigen.

c. Möglichst bald sollte man die Absicht bzw. den Anspruch des Autors benennen.

d. Danach sollte, wenn möglich die zentrale Aussage (das zentrale Rhema) des Textes benannt werden. Auch bei langen Texten gelingt es überraschend häufig, eine einzige zentrale Aussage auszumachen. Nur wenn dies nicht gelingt, sollte man mehrere Aussagen benennen.

e. Die zentrale Aussage sollte noch etwas entfaltet werden.

f. Gegebenenfalls kann man dann den Aufbau des Textes erläutern.

g. Wichtig ist danach die Nennung der Hauptargumente, die ein Text für seine zentrale Aussage anführt.

h. Gegebenenfalls kann man weitere wichtige Inhalte oder kommunikative Aspekte des Textes nennen.

i. Am Schluss einer Zusammenfassung macht man häufig noch eine resümierende Bemerkung.

Als ein Beispiel für eine Zusammenfassung, die alle Punkte a–i anwendet, hier eine kurze Zusammenfassung eines Buches von Jürgen Moltmann:

> Jürgen Moltmann (= Verfasser, im folgenden M.) behandelt in seinem Buch *Erfahrungen theologischen Denkens* (Gütersloh 1999) (= Titel) rückblickend seinen eigenen theologischen Denkweg und die ihn prägenden Erfahrungen (= Thema). (= a.). Diese Arbeit schließt die Reihe „Systematische Beiträge zur Theologie" ab (= Situierung im Werk des Autors) (= b.). Neben der Rechenschaft über die angewandte Methode möchte M. auch neue theologische Erkundungen anregen (= c.). Er stellt dabei die Hoffnungsperspektive des christlichen Glaubens in den Mittelpunkt (Zentrales Rhema) (= d.). Inhaltlich entfaltet M. die Hoffnungsperspektive insbesondere im Hinblick auf die Bedeutung von Befreiungserfahrungen für diejenigen, die traditionell als Unterdrücker gelten (Bedeutung der Schwarzen Theologie für Weiße, der Feministischen Theologie für Männer usw.). Methodisch orientiert er sich an der Trinität. Die Themen werden meist so behandelt, dass die Rolle von Gott Vater, Sohn und Geist eigens thematisiert wird (= e.).
>
> Dementsprechend gliedert M. seinen Text in vier große Abschnitte: Zunächst ein einführender Abschnitt unter dem Titel: „Was ist Theologie?", dann eine „Hermeneutik der Hoffnung". Als drittes Kapitel folgt „Spiegelbilder befreiender Theologie", in dem die Bedeutung der Schwarzen Theologie für Weiße usw. entfaltet wird. Beendet wird das Buch durch die Betrachtung „Im ‚weiten Raum' der Trinität" (= f). Als Grund für die Betonung der Hoffnungsperspektive nennt M. die Bezogenheit des biblischen Glaubens auf einen Gott, der in der Geschichte den Menschen immer wieder neue Zukunft ermöglicht. Zentraler Ausdruck für diesen Sachverhalt ist die Botschaft Jesu vom Reich Gottes und der Glaube der Gemeinde an die Auferstehung der Toten und an einen neuen Himmel und eine neue Erde. Dieser biblische Befund

kommt für ihn überein mit eigenen Erfahrungen des Leidens an den Gottlosigkeiten und Ungerechtigkeiten der Welt und der Hoffnung auf ihre Überwindung. M. legt Wert darauf, dass es sich nicht nur um seine privaten Erfahrungen handelt, sondern um gemeinsame und miteinander geteilte Erfahrungen von Christen und Nichtchristen (= g). Von diesem Ansatz aus behandelt M. zahlreiche Aspekte von Theologie, von der existentiellen Frage: Wie wird man ein wahrer Theologe (33–37) bis hin zu einer trinitarischen Hermeneutik der Heiligen Schrift (126–139) (= h). Dabei gelingt es M. ein umfassendes theologisches Programm zu entwerfen, dessen inhaltliche Seite allerdings weniger auf Neues verweist, sondern in den „Beiträgen zur Theologie" und früheren Veröffentlichungen M.s weitgehend entwickelt ist. (den letzten Halbsatz können Sie freilich nur schreiben, wenn Sie Moltmanns Werke näher kennen) (= i).

Praktisch kann man so vorgehen, dass man eine solche etwas schematische und immer noch zu lange Zusammenfassung weiter bearbeitet, Wiederholungen, umständliche Formulierungen und weniger interessante Informationen streicht und so zu einer wirklich gelungenen Zusammenfassung gelangt. Je nach Vorgabe kann sie etwa so aussehen:

Jürgen Moltmann behandelt in seinem Buch „Erfahrungen theologischen Denkens" (Gütersloh 1999) seinen eigenen Denkweg. Das Buch ist nicht nur methodisch, sondern auch persönlich gehalten. M. geht immer wieder aus von Erfahrungen, die ihn geprägt haben, Erfahrungen, die er wohlgemerkt nicht als private, sondern als mit Christen und Nichtchristen geteilte versteht. Bemerkenswerter Weise stellt M. in diesem Rückblick nicht die Kreuzestheologie oder die Christologie und Pneumatologie, sondern die Hoffnungsperspektive des christlichen Glaubens und das trinitarische Denken in den Mittelpunkt. Hoffnung konkretisiert sich für ihn in Befreiungserfahrungen, die auch diejenigen frei machen, die traditionell als Unterdrücker gelten. M. zeigt darum die Bedeutung Schwarzer Theologie für Weiße und der Feministischen Theologie für Männer.

6.2 Zusammenfassung und logische Rekonstruktion

Üblich ist bei der Zusammenfassung wie bei allen anderen wissenschaftlichen Texten, dass man für einen durchschnittlichen Studierenden in einem höheren Semester schreibt.

Qualitätsmerkmale für eine gute Zusammenfassung sind:
– Kürze.
– Klare Erfassung der Hauptthese (den zentralen Rhemas) eines Textes.
– Klare Darstellung der Hauptargumente für die zentrale These.
– Gute Einführung, die dem Leser hilft, den Text zu situieren und einen ersten Eindruck von dem Text zu haben.

Unter diesen Merkmalen fällt auf, dass die Rekonstruktion der Hauptthese und der wichtigsten Argumente zentral ist für eine Zusammenfassung. Bei sehr knappen Texten, lässt sich die entscheidende Aussage sogar reduzieren auf einen logischen Schluss. Der Schluss besteht aus mehreren Argumenten und einer Schlussfolgerung. Sie ist meist die Hauptthese des Aufsatzes.

Da Hauptthese und Argumente mit den Mitteln der Logik rekonstruiert werden können, ist ein Grundwissen in Logik für Religionsphilosophen und Systematische Theologen von grundlegender Bedeutung. Am besten besucht man einen der Logikkurse an der Philosophischen Fakultät oder arbeitet ein grundlegendes Werk zur Logik durch. Im Folgenden werden nämlich nur die allerwichtigsten Grundlagen der Logik dargestellt.

Argumentation und Logik für Anfänger

Die einfachste Form der Logik ist die zweiwertige Aussagenlogik. Sie beschäftigt sich mit Aussagen und nicht etwa mit Fragen oder Satzteilen wie Prädikaten. Sie heißt zweiwertig, weil in ihr Aussagen immer entweder als wahr oder als falsch angenommen werden. Mit ihr wollen wir beginnen.

Die zweiwertige Aussagenlogik reicht aus, um die meisten Argumente zu analysieren. Was ist ein Argument? Ein Argument ist (meist) eine Verbindung von Aussagesätzen, die zeigen will, *dass* etwas wahr ist. Gelegentlich werden Argumente und Erklärungen verwechselt. Während Argumente zeigen wollen, dass etwas wahr ist, wollen Erklärungen zeigen, wie und warum etwas geschehen ist. Man findet eine offensichtlich durch ein Verbrechen getötete Frau auf. Eine Erklärung würde dahin gehen zu überlegen, *wie und warum* sie umgebracht wurde, während eine Argumentation zu zeigen versucht, *dass* sie wirklich durch ein Verbrechen getötet wurde. Argumente funktionieren so, dass sie eine nicht ganz sichere Aussage dadurch stützen, dass sie auf andere, gewissere Aussagen zurückgehen, aus denen dann notwendig die in Frage stehende Tatsache folgt. Nicht sinnvoll sind Argumente, die bekannte und sichere Aussagen durch weniger sichere oder in sich fragwürdig konstruierte Aussagen stützen wollen.

Ein sinnvolles Argument liegt zum Beispiel in (1) und (2) vor:

(1) Entweder ist die Frau durch einen Unfall oder durch ein Verbrechen gestorben.
(2) *Einen Unfall kann man aufgrund der Verletzungen ausschließen.*
(3) Die Frau ist durch ein Verbrechen gestorben.

Kein sinnvolles Argument ist hingegen (1) und (2) im folgenden Beispiel:

(1) Entweder hat der Jupiter keine Monde oder ist Britney Spears eine Frau.
(2) *Der Jupiter hat Monde.*
(3) Also ist Britney Spears eine Frau.

Diese Schlussfolgerung enthält, obwohl sie logisch korrekt ist, kein Argument, weil die Schlussfolgerung, dass Britney Spears eine Frau ist, bekannter und sicherer ist als die Prämisse, dass entweder der Jupiter keine Monde hat oder dass Britney Spears eine Frau ist. Zudem ist es undurchsichtig, wie das „entweder oder" im ersten Satz zustande kommt.

Ein gültiges Argument ist Bestandteil einer Schlussfolgerung. Eine Schlussfolgerung besteht normalerweise aus:

Mindestens zwei Aussagesätzen, den so genannten Prämissen und einem Aussagesatz, der Conclusio. Formal sieht dies so aus:

(P 1)   Erste Prämisse.

(P 2)   Zweite Prämisse.

(P n)   *n-te Prämisse.*

(C)   Conclusio.

Häufig ist es so, dass eine Prämisse eine allgemeine Aussage und eine andere Prämisse eine singuläre Tatsache feststellt. Dies ist auch in dem klassischen Beispiel so:

(P 1)   Alle Menschen sind sterblich (= allgemeine Aussage).

(P 2)   Sokrates ist ein Mensch (singuläre Tatsache).

(C)   Also ist Sokrates sterblich.

In der traditionellen Logik nennt man die allgemeine Prämisse „maxima" oder „Maxime" und die singuläre Prämisse „minima".

Ein logischer Schluss ist dann gültig, wenn zwei Bedingungen erfüllt sind:

– Die Prämissen müssen alle wahr sein.
– Der Schluss muss formal korrekt ausgeführt sein.

Dann gilt ein ehernes Gesetz: Wenn sowohl die Prämissen als auch der formale Schluss korrekt angewandt wurden, dann *muss* die Conclusio wahr sein.

Dementsprechend kann man einen logischen Schluss so kritisieren, dass man entweder die Wahrheit der Prämissen oder die formale Richtigkeit des Schlusses in Frage stellt.

Um zu prüfen, ob ein Schluss formal korrekt ist, muss man eigentlich die Regeln der formalen Logik (oder die im Mittelalter entwickelten Schlussformeln mit ihren Merkworten) lernen. Bis man das eine oder das andere kann, kann man sich mit folgendem Verfahren behelfen:

1. Schritt: Man markiert die formalen Bestandteile eines logischen Schlusses. Dies sind die Wörter: alle, kein, ein, nicht, und, oder, entweder-oder, wenn-dann, wenn, identisch mit, also, sowie die Hilfsverben (ist, muss usw.). Falls keine Hilfsverben vorhanden sind, markiert man die Verben.

Beispiel:
(P 1)   Alle Islamisten sind Muslime.
(P 2)   *Mustafa ist ein Muslim.*
(C)   Also ist Mustafa ein Islamist.

Obwohl dieser Schluss wahre Prämissen benutzt, ist er formal offensichtlich unkorrekt. Zeigen können wir dies durch den

2. Schritt: Wir lassen die markierten Wörter stehen und ersetzen die nicht durch ein anderes Druckbild markierten Worte durch einfachere, so dass die Falschheit des Schlusses gleich deutlich wird. Dabei sollten wir darauf achten, dass wie in dem Beispiel die Prämissen inhaltlich wahr sind.

Also:
(P1)   Alle Sportler sind Menschen.
(P2)   Winston Churchill ist ein Mensch.
(C)   Also ist Winston Churchill ein Sportler.

Die Prämissen sind zweifellos wahr. Da aber jeder weiß, dass Winston Churchill ein großer Gegner des Sports war, kann es nur sein, dass der Schluss in seiner Struktur, also logisch, unkorrekt ist.

Die Rekonstruktion von Argumenten spielt eine sehr große Rolle in allen Wissenschaften, in denen es auf folgerichtiges Denken ankommt. In der Religionsphilosophie sind zum Beispiel Gottesbeweise ein typisches Thema für logische Rekonstruktionen.

Aber auch in anderen Zusammenhängen ist die logische Rekonstruktion äußerst wichtig. Die Welt ist nämlich voll von Fehlschlüssen. Wissenschaftliches Arbeiten heißt, die Fehlschlüsse deutlich zu machen.

Geben wir dazu ein paar Beispiele:

Die Verwechslung zwischen kontradiktorischen, konträren, subkonträren und gar keinen Gegensätzen
Bei der Bearbeitung theologischer Sätze ist es häufig wichtig, sich zu verdeutlichen, was das Gegenteil dessen ist, was jemand sagt. Ein Kollege sagte mir, dass er auf diese Weise schon viele Einfälle

hatte. Unter Umständen lassen sich auch für das Gegenteil bessere Argumente finden, als für die Aussage. Achten sollte man darauf, dass es mehrere Formen von gegenteiligen Aussagen gibt. Sie werden nicht selten verwechselt.

Die größte methodische Bedeutung haben kontradiktorische Gegenteile. Zwei Aussagen stehen in einem *kontradiktorischen Gegensatz*, wenn sie sich nicht nur gegenseitig ausschließen, sondern wenn die Behauptung der Wahrheit der einen Aussage notwendigerweise die Falschheit der anderen Aussage nach sich zieht. Wer A verneint, setzt B. Wer A bejaht, schließt B aus. Genauer: A und B können nicht in derselben Hinsicht (und zur gleichen Zeit)[54] wahr sein.

Beispiel: Wenn ich sage „Fritz ist anwesend", muss der Satz: „Fritz ist abwesend" falsch sein. Auf kontradiktorischen Gegensätzen beruhen Entscheidungsfragen, das heißt Fragen, die man mit „Ja" oder mit „Nein" beantworten kann wie z. B.: „Ist Gott allmächtig?" Wenn der Sinn der Worte „Gott" und „allmächtig" klar ist, dann kann man auf diese Frage nur mit „Ja" oder „Nein" antworten. Ein: „Man kann es nicht entscheiden" oder ein: „In dieser Hinsicht, ‚Ja', in dieser Hinsicht ‚Nein'" ist möglich. Unmöglich ist es aber zu sagen, dass Gott in gleicher Hinsicht und zur gleichen Zeit allmächtig und nicht allmächtig ist. Dies gilt von allen Aussagen, die in kontradiktorischem Gegensatz zueinander stehen: Beide können nicht in derselben Hinsicht und zur gleichen Zeit wahr sein. Ein Drittes gibt es nicht (Tertium non datur).

Nicht verwechseln darf man kontradiktorische Gegensätze mit *(bloß) konträren Gegensätzen*. Konträre Gegensätze schließen einander aus, ohne dass mit der Falschheit der einen Aussage bereits die Wahrheit der anderen gesetzt wäre. „Weiß" und „schwarz" sind solche konträren Gegensätze. Wenn ich sage, dass die Punkte auf dem Kleid nicht weiß sind, dann ist damit noch nicht entschieden, dass sie schwarz sein müssen. Sie können auch blau, gelb oder rot usw. sein.

Subkonträre Gegensätze liegen vor, wenn zwei partikulare Aussa-

---

54 Die Nennung der Zeit ist traditioneller Weise üblich. Wenn man Zeit als eine Hinsicht annimmt, dann braucht man sie nicht eigens anzuführen.

gen, von denen die eine bejaht und die andere verneint ist, gleichzeitig wahr, nicht aber gleichzeitig falsch sein können. Um ein Beispiel zu geben: A: Es gibt (einige) kluge Menschen. B: Es gibt (einige) nicht kluge Menschen. Beide Aussagen können gleichzeitig wahr sein, sie können aber nicht gleichzeitig und in gleicher Hinsicht falsch sein.

In der Theologie werden nicht selten Fragen gestellt, die als Gegensätze wirken, aber *keine* sind.

Verstöße gegen das Humesche Gesetz

Das Humesche Gesetz geht auf den schottischen Philosophen David Hume (1711–1776) zurück.[55] Er stellte fest, dass in Abhandlungen über Ethik immer wieder aus Prämissen, die lediglich Beschreibungen enthielten, ein moralisches Sollen gefolgt wurde. Um nur ein Bespiel zu geben:

(P1)   Der Mensch ist ein soziales Wesen.
(P2)   *Ein soziales Wesen organisiert sich heute in einem Staat.*
(C)   Deshalb soll der Mensch heute in einem Staat leben.

So sehr man inhaltlich mit der Schlussfolgerung einverstanden sein mag, so ist sie logisch formal nicht korrekt. Sie wäre korrekt, wenn man noch eine weitere Prämisse hinzunehmen würde. Diese könnte lauten:

(P3)   Der Mensch soll seinem Wesen entsprechend leben.

Dann wäre die Schlussfolgerung formal korrekt. Diese Prämisse wird aber oft nicht genannt, weil sie unter Umständen zu Widerspruch reizen könnte. So könnte jemand auch sagen:

(P1)   Der Mensch ist ein vergnügungsorientiertes Wesen.
(P2)   Ein vergnügungsorientiertes Wesen organisiert sich heute in bestimmten Vergnügungsvierteln.
(P3)   Der Mensch soll seinem Wesen entsprechend leben.
(C)   Der Mensch soll in bestimmten Vergnügungsvierteln leben.

---

55 Die entscheidenden Erläuterungen finden sich in HUME, David, A Treatise of Human Nature, 1739/40, Buch III, Kapitel 1, 1, Oxford 2000, 302.

Dieser Folgerung wird möglicherweise nicht jeder Ethiker zustimmen.

Die Verwechslung von „wenn-dann" und „wenn-dann und nur dann"

Baggini und Fosl führen folgendes Beispiel an:

(P1) Wenn Fiona gestern Abend im Lotto gewonnen hat, fährt sie heute eine roten Ferrari.
(P2) *Fiona fährt heute einen roten Ferrari.*
(C)   Also hat Fiona gestern im Lotto gewonnen.

Dieser Schluss ist nicht gültig, weil nach den Prämissen Fiona durchaus auch aus anderen Gründen einen roten Ferrari fahren könnte. Zum Beispiel könnte der Autohändler ihr den Ferrari ausgeliehen haben, um sie über den verpassten Lottogewinn hinwegzutrösten.

Logisch korrekt wäre der Schluss nur, wenn man P1 dahingehend ändern würde, dass man sagt: „Wenn Fiona gestern Abend im Lotto gewonnen hat, dann und nur dann fährt sie heute einen roten Ferrari."

Man muss also bei allen wenn-dann Argumentationen immer fragen, ob es sich um ein dann und nur dann-Argument handelt oder nicht.

Die Verwechslung von „oder" und „entweder – oder"

(P1) Paulus ist ein Apostel oder ein Diener des Herrn.
(P2) *Paulus ist ein Apostel.*
(C)   Also ist Paulus kein Diener des Herrn.

Dieser Schluss ist deshalb fasch, weil (P1) in der Conclusio so verstanden wird, als würde es eigentlich heißen: Paulus ist entweder ein Apostel oder ein Diener des Herrn. Man muss deshalb stets darauf achten, ob das Wort „oder" im Sinne von „entweder-oder"(als ausschließendes oder) oder im Sinne von einem oder, das einschließt, gebraucht wird (einschließendes oder).

Das häufigste Problem: Enthymeme

Das häufigste Problem bei Argumentationen ist, dass in geschriebenen Texten oft nicht alle Prämissen genannt werden, die zu einer Schlussfolgerung nötig wären. In der antiken Rhetorik sprach man in diesem Falle von „Enthymemen", von unvollständigen Motivierungen einer Schlussfolgerung. Nun ist es der Theorie nach so, dass man die Prämissen, die selbstverständlich sind, der Einfachheit und des besseren Stils halber weglässt. In Wirklichkeit ist es aber so, dass die ungenannten Prämissen häufig in ihrem Wahrheitswert problematisch sind. Die Aufgabe des Interpreten besteht darin, diese verschwiegenen Prämissen, dann wenn sie problematisch sind, zu formulieren und kritisch zu behandeln. An die Zusammenfassung schließt sich so direkt Interpretation und Kritik an. Geben wir wiederum ein Beispiel:

(P1)   *„Christus ist von den Toten auferstanden,*
(C)   deshalb werden auch wir ewiges Leben haben."

Bei diesem Schluss fehlen offenbar die zweite und die dritte Prämisse. Sie könnten so lauten:

(P2)   Wer von den Toten auferstanden ist, hat das ewige Leben.
(P3)   Wir werden alles erhalten, was Christus hat.

Beide Prämissen sind nicht ganz unproblematisch. Nach einer christlichen Anschauung, hat nicht jeder, der aufersteht, das ewige Leben. Es könnte auch sein, dass er zum Gericht auferstanden ist. Außerdem besteht nach einigen christlichen Auffassungen auch im ewigen Leben noch ein Unterschied zwischen Christus und uns. Man müsste die Prämissen also noch ändern:

(P2)   Christus ist zum ewigen Leben von den Toten auferstanden.
       Und:
(P3)   Das ewige Leben, das er uns verheißen hat, werden wir mit ihm erhalten.

Während man dieses Enthymem durch Ergänzung retten kann; gibt es auch Enthymeme, die, wenn man die fehlenden Prämissen ergänzt, in ihrer ganzen Problematik deutlich werden.

Um ein Beispiel aus der Politik zu geben:

(P1)   *Deutschland leidet am meisten unter der Arbeitslosigkeit.*
(C)   Darum ist alles gut, was Arbeitsplätze schafft.

Dieser Schluss verlangt eine ergänzende Prämisse wie:

(P2)   Gut ist, was das größte Leiden Deutschlands behebt.

Dies dürfte eine zumindest sehr eingeschränkte nationale Sicht
sein, die man in Österreich und in der Schweiz bereits nicht so einfach teilen dürfte. Problematischer ist an dieser Prämisse aber, dass
übersehen wird, dass Arbeitsplätze unter Bedingungen geschaffen
werden können, die auch für Deutschland von großem Schaden
sein können. Zum Beispiel Arbeitsplätze, die so schlecht bezahlt
sind, dass man von ihnen nicht leben kann, Arbeitsplätze, die ge-
sundheitsschädlich sind, Arbeitsplätze, die problematische Auswir-
kungen haben wie zum Beispiel Arbeitsplätze in der Verwaltung,
die zu einer noch größeren Bürokratisierung des Lebens führen,
oder Arbeitsplätze in der Tabakindustrie, oder gar in Unternehmen
der Mafia. Schließlich könnte man auch willkürlich einen Krieg beginnen, und dadurch im Militär sehr zahlreiche Arbeitsplätze
schaffen; aber wäre das gut? So richtig es ist, dass die Politik sich
sehr stark auf die Schaffung von Arbeitsplätzen konzentriert, so
falsch ist die Schlussfolgerung mit ihrer All-Aussage. Ganz allgemein gesprochen: Falsch ist an P2, dass der Satz inhaltlich falsch
ist, dass alles, was das größte Leiden behebt, gut ist. Es gibt Heil-
mittel, die schlimmer sind als das Problem, das sie beseitigen.
     Wie man leicht feststellen kann, ist nicht nur die Politik, sondern
auch die Theologie voll von Enthymemen. Es sind gar nicht wenige, die sich nicht retten lassen.

Literaturempfehlungen

BAGGINI, Julian/FOSL, Peter S., The Philosopher's Toolkit. A Compendium of Philosophical Concepts and Methods, Oxford 2003. (**) (1–65 zum Argumentieren; danach wichtige Hinweise zur Kritik; ein Standardlehrbuch im englischsprachigen Bereich; für englisch lesende Studierende sehr zu empfehlen!)

BUCHER, Theodor, Einführung in die angewandte Logik, Berlin/New York ²1998. (Für alle, die etwas tiefer in die Logik einsteigen und auch Demonstrationen der Modallogik kennen lernen wollen.)

SCHLEICHERT, Hubert, Wie man mit Fundamentalisten diskutiert, ohne den Verstand zu verlieren oder Anleitung zum subversiven Denken, München ⁴2004. (Ein amüsantes und doch tieferreichendes Buch zur Argumentation in schwierigen Thematiken.)

TETENS, Holm, Philosophisches Argumentieren. Eine Einführung, München ²2006. (Eine durchaus empfehlenswerte deutsche Alternative zu BAGGINI/FOSL.)

HÄRLE, Wilfried, Systematische Philosophie. Eine Einführung für Theologiestudenten, München 1992. (Mit einem guten Logikteil. Leider ist das Buch nur noch in Bibliotheken verfügbar.)

ZEGARELLI, Mark T., Logik für Dummies, Weinheim 2008. (**) (Diese oder eine andere Einführung in die formale Logik ist für wissenschaftliches Arbeiten in der Religionsphilosophie und in der Systematischen Theologie unerlässlich!)

Aufgaben

1. Schreiben Sie eine Zusammenfassung von drei wissenschaftlichen Artikeln und einem Fachbuch Ihrer Wahl!
2. Wo liegt der logische Fehler?
   - Entweder ist die Seele des Menschen unsterblich, oder nach dem Tod ist alles aus. Da die Seele nicht unsterblich ist, ist nach dem Tod alles aus.
   - Jesus Christus war ein Mensch oder ein Gott. Da Gott transzendent ist und im Himmel wohnt, kann Jesus nur ein Mensch gewesen sein.
   - Wenn jemand glaubt und getauft ist, dann wird er selig werden. Wenn jemand aber nicht glaubt, dann wird er selig werden, weil er getauft ist.
   - Weil das Christentum die wahre Religion ist, muss alles in den anderen Religionen falsch sein.

- Wenn der Papst nicht unfehlbar wäre, bräuchte man ihn nicht mehr.
- Weil die Bibel immer recht hat, kann es nicht falsch sein, dass Bayern München nächstes Jahr die Champions League gewinnt.

3. Welche Form von Gegensatz liegt vor in den Aussagen: A: „Calvin ist ein Sünder" B: „Calvin ist ein Heiliger" (vgl. Titel des Calvinkongresses Oktober 2008 in Schloss Vandenburg: Saint or Sinner?)?

4. Suchen Sie Gegensätze zu: Glaube, Sünde, Liebe!

5. Rekonstruieren Sie den Beispieltext aus dem *Proslogion* als logischen Schluss!

6. Suchen Sie die Gottesbeweise in Thomas von Aquins *Theologischer Summe* und rekonstruieren Sie sie logisch!

7. Kants kategorischer Imperativ lautet in seiner Grundform: „Handele stets nach der Maxime, von der Du zugleich wollen kannst, dass sie allgemeines Gesetz werde." Erläutern Sie diese Formulierung unter Rückgriff auf die Logik!

7. Wie interpretiere ich einen Text?

7.1 Zur grundlegenden Bedeutung von Interpretationen

Nach der Zusammenfassung eines Textes, sollte man die Interpretation als eigenen Schritt angehen. Dabei ist zu beachten, dass unter Umständen vor der Zusammenfassung bereits umfangreichere Interpretationsbemühungen notwendig sind, vor allem, wenn der Text relativ unverständlich ist. Aber auch bei leichteren Texten gilt: Bereits das verstehende Lesen und ebenso eine gute Zusammenfassung verlangt Interpretationsprozesse, wenn sie auch noch so trivial erscheinen mögen. Religionsphilosophie und Theologie werden deshalb häufig als hermeneutische Wissenschaften angesehen. Hierzu ganz kurz einige Bemerkungen:

Grundlagen der Hermeneutik

Bereits mehrfach wurde auf die Bedeutung der Interpretation innerhalb der Theologie hingewiesen. Theologie ist „Interpretationspraxis" (Dalferth). Aus diesem Grund sind alle fachwissenschaftlichen und philosophischen Beschäftigungen mit dem Thema der Interpretation und des Verstehens von sehr großer Bedeutung für die Theologie. Hermeneutik ist der allgemeine Ausdruck für die philosophische, theologische, juristische, literaturwissenschaftliche usw. Beschäftigung mit dem Verstehen. Die Entwicklung der Hermeneutik führt von einer Regelsammlung zur Auslegung von Texten hin zu einer universalen philosophischen Konzeption. Meist wird Schleiermacher als der Entdecker dieser Universalität der Hermeneutik angesehen. Grund für diese Karriere der Hermeneutik ist die Entdeckung, dass jeder Umgang mit der Welt, jede Theorie und jede Praxis, davon mitbestimmt ist, als was die betreffenden Gegenstände gesehen und wie sie interpretiert werden. Alles ist „interpretationsimprägniert" (Hans Lenk). Weiterführend für die Theologie sind vor allem Hermeneutiken, die den methodischen mit dem universalen Aspekt verbinden (z. B. Schleiermacher, Ricœur).

Ein entscheidender Punkt in der Geschichte der Hermeneutik war für die Theologie der Beginn der Dialektischen Theologie. Karl Barth (1886–1968) hat in seiner Vorrede zur 2. Auflage seines Römerbriefs von 1922 ([16]1999) Ausführungen gemacht, die der Philosoph Hans-Georg Gadamer als „hermeneutisches Manifest" bezeichnet hat. Barth wendet sich gegen die bloß historisch-psychologische Textbeschreibung und verlangt, dass die Interpretation zu eigentlichem Verstehen vordringt:

> Eigentliches Verstehen und Erklären nenne ich diejenige Tätigkeit, die Luther in seinen Auslegungen mit intuitiver Sicherheit geübt, die sich Calvin sichtlich systematisch zum Ziel seiner Exegese gesetzt hat. Man lege nun einmal z. B. Jülicher neben Calvin. Wie energisch geht der Letztere zu Werk, seinen Text, nachdem auch er gewissenhaft festgestellt, ‚was da steht', nach zu denken, d. h. sich solange mit ihm auseinander zu setzen, bis die Mauer zwischen dem 1. und dem 16. Jahrhundert transparent wird, bis Paulus dort redet und der Mensch des 16. Jahrhunderts hier hört, bis das Gespräch zwischen Urkunde und Leser ganz auf die Sache (die hier und dort keine verschiedene sein kann!) konzentriert ist (XVII).

Barth fordert hier eine Hermeneutik, die in einen Dialog mit dem Text über die zentrale Aussage des Textes, über seine Sache, eintritt.

> Bis zu dem Punkt muss ich als Verstehender vorstoßen, wo ich nahezu nur noch vor dem Rätsel der Sache, nahezu nicht mehr vor dem Rätsel der Urkunde als solcher stehe, wo ich es also nahezu vergesse, dass ich nicht der Autor bin, wo ich ihn nahezu so gut verstanden habe, dass ich ihn in meinem Namen reden lassen und selber in seinem Namen reden kann (XIX).

Als Konsequenz aus den Entdeckungen Barths wird die in diesem Buch vorgeschlagene Interpretation zwei Stufen beinhalten, zum einen eine Textbeschreibung, zum anderen aber eine Interpretation, die auf den Dialog über die zentrale Aussage des Textes bezogen ist.

7.2 Wie kann man Interpretationen auf eine methodische Weise durchführen?

Professoren haben manchmal unterschiedliche Vorstellungen davon, was eine gute Interpretation ist. Ich möchte in diesem Buch vorschlagen, zunächst eine Reihe von (A) grundlegenden und vorbereitenden Interpretationsschritten zu machen, die selbst *nicht* direkt in den Text Ihrer Hausarbeit eingehen. Im Text der Arbeit soll die Interpretation zweigeteilt sein, zunächst eine *(B) textbeschreibende Interpretation*, die den Text erläuternd nacherzählt und dann eine *(C) dialogische Interpretation*, die über einzelne besonders interpretationsbedürftige und zentrale Elemente des Textes in einen Dialog mit dem Text tritt.

7.2.1 Grundlegende und vorbereitende Interpretationsschritte

Bereits beim Lesen und bei der Zusammenfassung des Textes haben wir eine Reihe von grundlegenden Interpretationsschritten vollzogen. Sie sind nun hilfreich für uns. Besonders können wir zurückkommen auf die Fragezeichen, die wir beim Lesen an den Rand geschrieben haben und auf die Gliederung des Textes, die wir bei der Zusammenfassung an den Rand oder auf ein Blatt Papier notiert haben. Die Fragezeichen weisen uns darauf hin, dass hier Interpretationsbedarf besteht. Wir sollten nicht eher ruhen, bis wir alle Fragezeichen so weit wie möglich geklärt haben. Die Gliederung gibt uns Aufschluss über den Aufbau der Argumentation. Sie wird bei der textbeschreibenden Interpretation eine große Hilfe sein. Weitere grundlegende und vorbereitende Interpretationsschritte, die wir bereits vollzogen haben, oder die wir nun noch vollziehen sollten, sind:

a. Klären, wer den Text verfasst hat und wann er verfasst wurde.
Diese Frage ist normalerweise in der Religionsphilosophie und Systematischen Theologie ganz unproblematisch. Dennoch gibt es Ausnahmen: In früheren Jahrhunderten können Texte unter einem anderen Namen („pseudonym") verfasst worden sein, um den Repressalien der Zensur oder der Inquisition zu entgehen. Wichtige religionskritische Gedanken im 17. und 18. Jahrhundert sind zum ersten Mal in der so

genannten Klandestinenliteratur geäußert worden. Ein solches Werk ist der *Liber de tribus impostoribus*, der Mose, Jesus und Mohammed gleichermaßen als Betrüger anklagt. Manchmal wurden Texte auch anderen, berühmteren Autoren zugeschrieben. Ein berühmtes Beispiel dafür ist die Aristoteles zugeschrieben Schrift *Liber de causis*. In Wirklichkeit ist sie ein vermutlich in Bagdad entstandener monotheistisch überarbeiteter Auszug aus einer Schrift des Neuplatonikers Proklos.

b. Klären, in welcher Sprache/welchen Sprachen der Text verfasst ist.
Dieser meist sehr triviale Vorgang kann durchaus Bedeutung für den Sinn eines Textes haben, vor allem weil frühere Sprachstufen vorliegen können und die Worte im Laufe der Jahrhunderte ihren Sinn verändern können. Schleiermacher und vor allem Luther verstehen wir nicht immer richtig, wenn wir davon ausgehen, die Wörter würden damals dasselbe bedeuten wie heute.

c. Klären dessen, was durch Übersetzungen verloren geht.
Bei Texten, die aus Fremdsprachen übersetzt wurden, geht durch die Übersetzung oft einiges verloren. Dies sollte man in wichtigeren Fällen in der Interpretation zur Darstellung bringen. Jede Sprache hat bestimmte Worte, die einen sehr reichen Sinn haben, der durch eine Übersetzung verloren geht. Paul Ricœur argumentiert in seinem Buch *Wege der Anerkennung* (Frankfurt a. M. 2006) mit dem dreifachen Sinn des französischen Wortes „Reconnaissance", das auch im französischen Originaltitel steht (*Parcours de reconnaissance*, Paris 2004). Reconnaître heißt nicht nur „anerkennen", sondern auch „(wieder)erkennen" und „dankbar sein". Nur wenn man das weiß, erkennt man die thematische Einheit des Buches.

d. Philologische Klärungen vornehmen.
In einigen Fällen müssen Textvarianten oder offensichtliche Textmängel (fehlende Abschnitte, falsche Wörter usw.) geklärt und bearbeitet werden.

e. Paratexte klären.
Der französische Literaturwissenschaftler Gérard Genette (geb. 1930) hat treffende und schön zu lesende Bemerkungen zu den Texten ge-

macht, die zu einem eigentlichen Text hinzutreten: Titel, Untertitel, Widmungen, Vorworte, Nachworte, Klappentexte usw. Es lohnt sich, die behandelten Texte auf solche hinzutretenden Texte, die so genannten Paratexte, hin zu befragen.

f. Zitate und andere intertextuelle Bezüge verfolgen.
Ein Text verweist immer wieder auf andere Texte. Bei wissenschaftlichen Texten handelt es sich vor allem um direkte Zitate und indirekte Anspielungen. Es gehört zur Aufgabe der Interpretation, die Zitate zu verfolgen, zu klären, woher sie stammen, ob sie richtig wiedergegeben sind, ob sie im ursprünglichen Kontext etwas anderes bedeuten usw. Wichtig ist auch, in welcher Weise die Zitate verwendet werden. Haben sie Autorität oder garnieren sie eher einen Text, der auch ohne sie sehr gut auskommen würde? Bei Anspielungen ist es häufig nicht ganz einfach zu klären, ob sie wirklich vorliegen und auf wen und was sie sich beziehen. Auch zu diesen Fragen gibt es eine ausgeführte Theorie von Genette in seinem Buch *Palimpseste.*

g. Andere Verweise außerhalb des Textes verfolgen.
Texte verweisen manchmal auch auf Realitäten außerhalb des Textes, die einer besonderen Erläuterung bedürfen. Wer im Jahr 2008 von „nine elven" spricht, kann noch davon ausgehen, dass jeder versteht, dass er auf die Anschläge auf das World Trade Center am 9. September 2001 anspielt. In fünfzig Jahren könnte es sein, dass ein solcher Hinweis, erläuterungsbedürftig ist, weil er von zahlreichen Leserinnen und Lesern nicht mehr verstanden wird.

h. Syntaktisches Disambiguieren.
Disambiguieren meint, dass man Mehrdeutigkeiten (Ambiguitäten) beseitigt oder als solche klärt. Diese Aufgabe hat die Interpretation in allen grundlegenden Bereichen der Sprache: Syntax (der Lehre von der Zusammensetzung von Worten zu Sätzen), Semantik (der Lehre von den Bedeutungen von Worten, Sätzen, Texten u. ä.) und Pragmatik (der Lehre von der kommunikativen Bedeutung von sprachlichen und anderen Zeichen).

Im Bereich der Syntax ist meistens nicht viel besondere Arbeit zu leisten. Nur wenige Sätze in theologischen Abhandlungen sind so kompliziert, dass man sie eigens in ihrer grammatischen Struktur untersuchen muss. Allenfalls innertextliche Verweise wie: Er, Sie, dieser, letzterer, obiger usw. sind öfter in ihrem Bezug zu klären. Um ein noch nicht sehr schwieriges Beispiel zu geben. Der Leitsatz zu § 34 der Glaubenslehre von Schleiermacher lautet:

Das schlechthinige Abhängigkeitsgefühl ist in jeder christlich frommen Erregung mit enthalten, in dem Maaß als darin vermittelst dessen, wodurch sie mit bestimmt wird, zum Bewußtsein kommt, daß wir in einen allgemeinen Naturzusammenhang gestellt sind, d.h., in dem Maaß, als wir uns darin unserer selbst als Theil der Welt bewußt sind.

Frage: Worauf bezieht sich das in einer anderen Schriftart hervorgehobene „darin": auf den Naturzusammenhang, auf das Bewusstsein, auf die fromme Erregung oder auf das schlechthinnige Abhängigkeitsgefühl?

i. Semantisches Disambiguieren.
In jeder Sprache gibt es Worte, die mehrere unterschiedliche Bedeutungen haben. In fast allen Fällen ist der Unterschied ganz klar zwischen einer Bank (Geldinstitut) und einer Bank im Park. In manchen Fällen ist es schwierig zu entscheiden, was etwa ein Philosoph oder ein Dichter meint, wenn er von einem „kommenden Gott", von „Glauben" oder von „Kunst" spricht. Arbeit an den Begriffen, Verständnis dessen, was jemand genau mit einem Ausdruck meint, ist deshalb für eine exakte Interpretation eines Textes von sehr großer Bedeutung.

Eine besondere Aufgabe für die Interpretation stellen Metaphern und Gleichnisse dar. Metaphern sind semantische Anomalien, das heißt: Die metaphorisch gebrauchten Worte bedeuten etwas anderes als sie in ihrem normalen Sprachgebrauch bedeuten. Metaphern, vor allem noch relativ neue und kühne Metaphern müssen deshalb immer semantisch geklärt werden.

Metaphern und Gleichnisse

Semantisch betrachtet sind Metaphern verkürzte Gleichnisse. Wenn ich zum Beispiel von einem Mann sage, „er sei ein Löwe" ist die Metapher ein verkürzter Vergleich. Der Mann ist wie ein Löwe. Das

Verstehen der Metapher verlangt, dass ich herausfinde, welche Eigenschaften eines Löwen ich in dieser herausgehobenen Form dem Mann zuspreche. Dies könnte im Prinzip jede Eigenschaft des Löwen sein. So schlafen Löwen etwa 90% des Tages. Dadurch, dass ich sage, N. N. sei ein Löwe, würde ich aussagen, dass er ein Schnarchohr und Schlafpelz ist. Dass ich es so meine, ist aber unwahrscheinlich. In unserer Kultur ist der Löwe nicht für sein Schlafen bekannt, sondern für seine Kraft im Kampf. Wenn ich sage, N. N. sei ein Löwe, dann ist damit wahrscheinlich gemeint, dass er kämpfen kann wie ein Löwe. Aufgabe der Interpretation ist es, den zentralen Vergleichspunkt, auf dem Metaphern beruhen, ausfindig zu machen. Da der Vergleichspunkt nicht immer leicht zu finden ist, stellen ungewöhnliche Metaphern dem Leser immer eine Denkaufgabe. Darin liegt der besondere Reiz von Metaphern. Außerdem gehören Metaphern zu den besonders kreativen Bestandteilen der Sprache. Sie erlauben es, an Altes anzuknüpfen, um Neues zu sagen. Deshalb werden Metaphern und Gleichnisse auch im Neuen Testament so häufig verwendet. Sie ermöglichen es, das Neue des Reiches Gottes zum Ausdruck zu bringen und sie bringen denjenigen, der die Metaphern und Gleichnisse verstehen will, in eine Suchbewegung.

In einem gedankenreichen Buch haben der Linguist George Lakoff und der Philosoph Mark Johnson das Konzept von Metaphern, durch die wir leben, *Metaphors We Live by* entwickelt. Die Grundidee ist folgende: Metaphern und Gleichnisse können die Rollen definieren, die Menschen in einem Lebensbereich oder auch in ihrem ganzen Leben einnehmen. Solche lebenstragenden Metaphern sind Metaphern, durch die wir leben. Wer sich zum Beispiel als einen Löwen ansieht, der wird auch wie ein Löwe kämpfen. Interessant für den Umgang mit argumentierenden Texten ist ein Beispiel, das Lakoff und Johnson ausführlicher diskutieren. Argumente sind als Waffen in einem Krieg, als Stationen einer Reise, als Behälter für Informationen, als Spielzüge, als Gesprächsangebote und als vieles mehr verstanden worden. Auch Verfasser wissenschaftlicher Texte sehen ihre Argumentationen im Rahmen solcher Bilder. Sie verraten sich in gewisser Weise, wenn sie von „schlagenden Argumenten" (Kriegsbild), von weiterführenden Überlegungen (Reisebild) oder von der Entfaltung eines Arguments (Behälterbild?) sprechen. Eine gute Interpretation wird immer aufmerksam darauf sein, welche Bilder aus welchem Bereich für das eigene Tun und für die Darstellung der Gegenstände des Textes verwendet werden.

j. Pragmatisches Disambiguieren.
Neben ihrer syntaktischen und semantischen Dimension haben Texte auch eine pragmatische Dimension. Das heißt, die Texte sind Teile von Kommunikationsvorgängen. Als solche haben sie Teil an den vier Seiten einer Kommunikationsbotschaft, die der deutsche Psychologe Friedemann Schulz von Thun (geb. 1944) herausgearbeitet hat.[56] Nach diesem Buch hat jede Kommunikation vier Seiten. Immer wird ein Sachinhalt, eine Information über den Sender der Nachricht/den Autor des Textes, eine Aufforderung an den Rezipienten und eine Beziehung zwischen Sender und Empfänger mit kommuniziert.

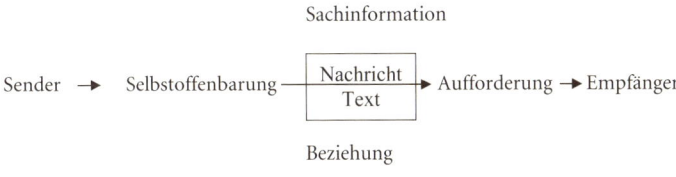

Die Kunst der Interpretation besteht darin, alle vier Seiten einer Botschaft genau und in ihrem Stellenwert zu bestimmen. Entwickelt wurde dieses Modell, um Kommunikationsprobleme im Privat- und im Berufsleben besser zu lösen.

Um ein Beispiel zu geben: Ein Mann und eine Frau sitzen gemeinsam vor dem Fernsehapparat und trinken Bier. Plötzlich sagt der Mann: „Du, das Bier ist alle". Die Frau kann diesen Satz auf vier Weisen hören. Mit dem Augenmerk auf Information wird sie sagen: „Gut, wer geht ins Geschäft, um einen neuen Kasten zu besorgen?" Hört sie mit dem „Aufforderungsohr", dann wird sie die Aussage so verstehen,

---

56 Vgl. dazu im Folgenden: Schulz von Thun, Friedemann, Miteinander reden: Störungen und Klärungen. Psychologie der zwischenmenschlichen Kommunikation, Hamburg 1981.

dass der Mann will, dass sie Bier holen geht – und je nach dem, sich ärgern oder sich auf den Weg machen. Wer den Beziehungsaspekt in den Vordergrund stellt, wird sich fragen, warum der Mann nicht einfach selber Bier holen geht. Sieht er sich irgendwie hier als Auftraggeber oder als Pascha, der sich bedienen lässt? Wer die Aussage als Selbstoffenbarung auffasst, liest darin vielleicht eine Mitteilung, dass jemand, obwohl er bereits einiges getrunken hat, immer noch mehr Bier will. Die Antwort könnte sein: „Hast Du immer noch nicht genug?"

Bei wissenschaftlichen Mitteilungen steht vor allem die Sachinformation im Vordergrund. Trotzdem sind auch die anderen Seiten der Botschaft nicht gleich „null". Es wird immer eine Beziehung hergestellt zwischen Autor und Leser: Diese kann freundlich, unfreundlich, belehrend, väterlich, mütterlich, vereinnahmend oder was auch immer sein. Außerdem will auch der Autor eines wissenschaftlichen Textes seine Leser in bestimmter Weise beeinflussen, er will sie überzeugen, will vielleicht mit seinem Wissen beeindrucken, will sie unterhalten oder will sich einer Pflicht ihnen gegenüber entledigen, usw. Schließlich kommt auch niemand umhin, mit allem, was er äußert auch etwas von sich selbst preiszugeben. Er gibt zum Beispiel preis, dass er die Sprache beherrscht, in der er schreibt, oder er gibt preis, dass sich mit dem betreffenden Thema beschäftigt hat.

Über das Modell von Schulz von Thun hinausgehend, kann man fragen, welche Sprechakte der Text vollzieht.

Zur Sprechakttheorie

Seit der Entdeckung der Sprechakte im Spätwerk von Ludwig Wittgenstein und durch John Austin hat diese Theorie zahlreiche Weiterentwicklungen erfahren, insbesondere durch den amerikanischen Philosophen John Searle (geb. 1932) und durch Jürgen Habermas. Grundeinsicht der Sprechakttheorie ist, dass sprachliche Äußerungen nicht einfach die Welt abbilden, sondern dass sie kommunikative Handlungen sind, die in Kontakt zu anderen Menschen treten und die Welt verändern wollen. Ein wichtiges Element der Interpretation ist es, herauszustellen, welche Sprechakte vollzogen werden. Dabei kann die Klassifikation von Searle zugrunde gelegt werden. Er unterscheidet repräsentative, direktive, kommissive, expressive und deklarative Sprechakte und erläutert dies so:

1. *Repräsentative.* Bei den Mitgliedern der Klasse der Repräsentative ist die Absicht oder der Zweck, einen Sachverhalt (wahr oder falsch, richtig oder unrichtig) darzustellen. *Sie legen den Sprecher darauf fest, dass etwas der Fall ist.* Typische Exemplare dieser Gattung sind Feststellungen, Behauptungen, Vorhersagen, Explikationen, Klassifikationen, Diagnosen und Beschreibungen.

2. *Direktive.* Bei diesen besteht die illokutionäre Absicht darin, dass der *Sprecher mit ihnen mehr oder minder eindringlich versucht, den Hörer dazu zu bewegen, etwas zu tun.* Die folgenden Beispiele machen das deutlich: Anordnungen, Befehle, Bitten, Weisungen, Gebete, Anträge, Gesuche und Ratschläge.

3. *Kommissive.* Die illokutionäre Absicht eines Kommissivs ist es, *den Sprecher auf einen zukünftigen Lauf der Dinge zu verpflichten.* Beispiele sind Versprechen, Gelübde, Gelöbnisse, Drohungen, Wetten, Anerbieten, Verträge und Garantien.

4. *Expressive.* Die illokutionäre Absicht der Mitglieder dieser Klasse ist es, eine psychische Einstellung des Sprechers zu dem Sachverhalt auszudrücken, der im propositionalen Inhalt gekennzeichnet ist. In der Terminologie von *Speech Acts* ist ihre illokutionäre Absicht, ihre *Aufrichtigkeitsbedingung* auszudrücken. Einige der häufigsten Exemplare sind Bedankungen, Beglückwünschungen, Entschuldigungen, Beileidsbezeugungen, Klagen und Willkommensheißungen.

5. *Deklarative.* Die definierende Eigenschaft dieser Klasse ist, dass der gelungene Vollzug eines ihrer Mitglieder Übereinstimmung zwischen dem propositionalen Inhalt und der Wirklichkeit herbeiführt. Gelungener Vollzug garantiert, dass der propositionale Inhalt der Welt entspricht. Im Allgemeinen erfordern diese illokutionären Handlungen eine nicht-linguistische Institution wie Kirche, Gesetz, Staat oder Privatbesitz, und in vielen Fällen erfordern sie die Äußerung ritueller Wendungen durch den Sprecher. Beispiele sind Krieg erklären, exkommunizieren,

ein Paar trauen, schenken, vermachen, ernennen, abdanken, kündigen, entlassen.[57]

In der Religionsphilosophie und Systematischen Theologie hat man es meistens mit repräsentativen Sprechakten zu tun. Manchmal, und darauf sollte man achten, fordert ein Autor aber auch zu Handlungen auf (direktive Sprechakte z.B. ein Ethiker, wenn er über ein ihm sehr wichtiges Thema schreibt). Eine besondere Häufigkeit von direktiven und besonders von unterschwellig direktiven Sprechakten kann ein Hinweis darauf sein, dass ein Text eine gewisse Gesetzlichkeit verbreitet, ein Thema, das in der Kritik von besonderer Bedeutung ist. Umgekehrt gibt es manchmal bloß expressive Äußerungen, die individuelle religiöse Erlebnisse zum Ausdruck bringen. Schließlich gibt es in der Theologie auch deklarative Sprechakte, die Realität schaffen, etwa indem sie die Vertreter bestimmter Auffassungen aus der Kirche ausschließen, wofür der Text der Dogmatisierung der leiblichen Himmelfahrt Marias durch Papst Pius XII (1950) ein Beispiel ist:

> Sollte daher, was Gott verhüte, einer wagen, das entweder zu leugnen oder absichtlich in Zweifel zu ziehen, was von Uns definiert wurde, so soll er wissen, dass er vom göttlichen und katholischen Glauben völlig abgefallen ist (DSH 3904).

Wichtig für die Anwendung der Sprechakttheorie ist, dass man nicht schematisch Textbestandteile zu Sprechakten zuordnet, sondern, dass die Sprechakttheorie dazu hilft, genauer zu beschreiben, was durch einen Text kommunikativ geschieht. Unter Umständen muss man sich deshalb ganz von der Klassifikation lösen und auf Untertöne, Nebenklänge und Ähnliches achten.[58] Gerade solche Beschreibungen verhelfen dazu, zu dem Text in ein bewusstes res-

---

57 SEARLE, John, Linguistik und Sprachphilosophie, in: BARTSCH, Renate/VENNEMANN, Theo (Hg.), Linguistik und Nachbarwissenschaften, Kronberg 1973, 113–125, 117.

58 Bernhard Waldenfels hat in seinem Buch Antwortregister (Frankfurt a.M. 1994) für den Sprechakt der Frage einige Phänomene beschrieben, die über die schematische Zuordnung von Searle hinausweisen (bes. 49–66. Aber auch 146–187). Searle zählt die Frage zu den direktiven, weil zur Antwort auffordernden Sprechakten.

ponsorisches, das heißt antwortendes Verhältnis zu gelangen (Waldenfels, Dabrock).

Wichtig für die Interpretation und Kritik von Sprechhandlungen in den Texten ist es außerdem, dass die Sprechhandlungen bestimmte Erfolgsbedingungen haben. Dazu gehört zum Beispiel, dass der Sprecher bestimmte Dinge aufrichtig glaubt, oder dass er eine bestimmte Stellung hat, um einen bestimmten Sprechakt zu vollziehen. Im Falle des päpstlichen Dogmas kann man zum Beispiel von protestantischer Seite kritisch einwenden, dass der Papst nicht die Stellung hat, um Sprechakte auszuführen, die eigentlich Gott vorbehalten sein sollten.

Besondere Bedeutung für Philosophie und Theologie hat der performative Selbstwiderspruch. Er besteht darin, dass jemand eine Sprechhandlung vollzieht, deren Inhalt den Erfolgsbedingungen der Sprechhandlung widerspricht. Ein solcher performativer Selbstwiderspruch liegt vor, wenn man zum Beispiel sagt: „Ich verspreche Dir, dass ich morgen kommen werde, ich weiß aber noch nicht, ob ich nicht etwas Besseres vorhabe." Der Sprechakt „versprechen" verlangt, dass man sich verbindlich für die Zukunft festlegt. Wenn man es dann offen lässt, ob man wirklich das Versprochene realisiert, dann liegt kein Versprechen, sondern bestenfalls eine Mitteilung einer möglichen Absicht vor. Performative Selbstwidersprüche liegen auch vor in dem berühmten Beispiel, dass ein Kreter sagt, dass alle Kreter lügen, oder wenn jemand sagt: „Ich existiere nicht".

Pragmatisches Disambiguieren eines wissenschaftlichen Textes bedeutet, dass man:

– so gut es geht, die Absicht des Autors, das, was der Autor sagen wollte, herausarbeitet und
– so gut es geht entwickelt, was der Text an pragmatischen Verstehensmöglichkeiten beinhaltet.[59]

59 Der Unterschied zwischen Aussageabsicht des Autors und Wirkung des Textes kommt hier erst bei der Pragmatik zur Sprache. Für die Syntax ist dieser Unterschied irrelevant, weil diese von den Regeln der Sprache abhängt und es deshalb bei grammatisch richtigen Texten zu keinem Unterschied zwischen Absicht des

Mit diesen pragmatischen Betrachtungen innerhalb der grundlegenden Interpretation haben wir weitgehende Vorarbeiten für die textbeschreibende und für die dialogische Interpretation geleistet. Um es noch einmal zu sagen: Die grundlegende und vorbereitende Interpretation geben wir in unserer Arbeit in aller Regel nicht wieder, sondern notieren sie auf einem Blatt oder in einer eigenen Datei. Die Ergebnisse der grundlegenden Interpretation verwenden wir aber in der textbeschreibenden und in der dialogischen Interpretation (und häufig auch in der Kritik).

7.2.2 Textbeschreibende Interpretation

Die textbeschreibende Interpretation ist eine Nacherzählung des Textes auf höherer Stufe. Um demjenigen, der nicht recht weiß, wie er vorgehen soll, eine Hilfestellung zu geben, beschreibe ich eine häufige Form der textbeschreibenden Interpretation:

Die textbeschreibende Interpretation beginnt meistens damit, dass die *Abfassungssituation* des Textes dargestellt wird. Gegebenenfalls ist dabei auf weitere Zeugnisse (wie Briefe des Verfassers, Angaben im Vorwort u. ä.) über den Text einzugehen.

Danach äußert man sich oft zur *Intention und* zum *Anspruch des Textes*, um dann die *Gliederung zunächst allgemein darzustellen und zu interpretieren. Unter Umständen kann man hier bereits eine Wertung einstreuen, obwohl solche Wertungen eigentlich in die Kritik gehören.* Nicht selten liest man aber, dass es sich um eine geschlossene und überzeugende Komposition handelt oder Ähnliches.

Unter *Verwendung der in der vorbereitenden Interpretation gemachten Entdeckungen* geht man dann meist den Text entlang und versucht dem *roten Faden des Gedankenganges zu folgen*. Dabei werden immer wieder *Bemerkungen zu der Biographie, zum Werk und zu Diskussionen*

Autors und Textwirkung kommt. In der Semantik kommt es immer wieder zu größeren Unterschieden zwischen den Bedeutungen, die der Autor dem Text gibt und dem Sinn, den die Leser in ihm finden. Häufig kann man bereits auf dieser Ebene zwischen Sinn des Autors und Sinn des Textes differenzieren. Für einen wissenschaftlichen und fairen Umgang mit einem Text sollte man sich um die semantischen Bedeutungen des Autors bemühen.

der Zeit eingeführt. Wenn sie von besonderem Interesse sind, werden sie auch weiter ausgeführt.

Alle wichtigen *Ergebnisse der grundlegenden und vorbereitenden Interpretation sind hier einzuarbeiten*, sofern man sie nicht für die dialogische Interpretation zurückhält.

Die textbeschreibende Interpretation schließt häufig mit einem *Fazit*, in dem zum Beispiel festgestellt wird, dass der Text alle wichtigen Einwände gegen seine Hauptthese diskutiert hat, oder indem in einer anderen Weise die Leistung des Textes gewürdigt wird. Auch hier ist der Übergang zur Kritik manchmal fließend.

7.2.3 Dialogische Interpretation als höchste Stufe der Interpretation und als Übergang zur Kritik

Die höchste Stufe der Interpretation ist das Eintreten in ein Gespräch. Thema des Gespräches sollte die Hauptthese des Textes und/oder andere interpretations- und diskussionswürdige Aussagen sein. Es geht um eine dialogische Interpretation, in dem Sinne, dass Für und Wider wie in einem Gespräch mit dem Autor diskutiert werden. Sie beruht auf dem Grundsatz, dass man so lange wie möglich bemüht sein soll, den Text zu verstehen und seine Position, auch mit Argumenten, die der Text nicht nennt, zu stärken. Grundhaltung dieser Interpretation ist: Ich möchte so genau wie nur irgend möglich verstehen, was der Autor sagen will (autororientierte Interpretation) und, was als Wahrheit sich durch den Text kundgibt (Text und leserorientierte Interpretation). Einsatz dieser Interpretation ist manchmal das Prinzip von Robin George Collingwood (1889–1943): Einen Text verstehen, heißt die Frage zu verstehen, auf die er antwortet. Durch ein tieferes Verständnis der Frage, kann man in zahlreichen Fällen besser verstehen, was der Text wirklich sagen will. Das Ergebnis der dialogischen Interpretation kann sein, dass ich selbst meine Position verändere, und dass ich durch den Text verändert werde. Es kommt zu einer Umkehrung der Subjektposition. Nicht nur ich lese den Text, sondern der Text liest auch mich. Durch ihn lerne ich mich neu und anders zu verstehen. Das Ergebnis kann freilich auch sein, dass ich um so überzeugter die Aussagen eines Textes ablehne.

Auf allen drei Stufen der Interpretation kann Sekundärliteratur sehr hilfreich sein. Deshalb sollte man sie für die Interpretation in einem umfangreicheren Maße heranziehen. Lexikonartikel, Monographien, Bibliographien und die Internetrecherche etwa mit Datenbanken der Universitätsbibliotheken, können hierbei sehr hilfreich sein.

Literaturempfehlungen

BARTH, Karl, Der Römerbrief, Zürich [16]1999 (Einleitung). (**) (Dieses „hermeneutische Manifest" sollte man unbedingt lesen.)

GENETTE, Gérard, Paratexte. Das Buch vom Beiwerk des Buches, Frankfurt a. M. 2001.

GENETTE, Gérard, Palimpseste. Die Literatur auf zweiter Stufe, Frankfurt a. M. 1993.

JEANROND, Werner G., Theological Hermeneutics. Development and Significance, London 1991. (**) (Informiert zuverlässig über die Entwicklung der philosophischen und theologischen Hermeneutik. Wer nicht den englischen Text oder die französische Übersetzung von Jeanrond liest, sollte die Bücher von Lenk und Körtner lesen.)

KÖRTNER, Ulrich , Einführung in die theologische Hermeneutik, Darmstadt 2006.

LAKOFF, George/JOHNSON, Mark, Metaphors we Live by, Chicago/London 1980.

LENK, Hans, Philosophie und Interpretation, Frankfurt a. M. 1993. (Ein anregender kurzer Abriss der Entwicklung der philosophischen Hermeneutik.)

SCHULZ VON THUN, Friedemann, Miteinander reden: Störungen und Klärungen. Psychologie der zwischenmenschlichen Kommunikation. Reinbek b. Hamburg 1981.

SEARLE, John, Linguistik und Sprachphilosophie, in: BARTSCH, Renate/VENNEMANN, Theo (Hg.), Linguistik und Nachbarwissenschaften, Kronberg 1973, 113–125. (Kurzer Text, in dem Searle einen Überblick über wichtige Elemente seiner Theorie gibt.)

WOLTERTORFF, Nicholas, Divine Discourse. Philosophical Reflections on the Claim that God Speaks, Cambridge 1995.

Für die Interpretation in der Systematischen Theologie sind auch Bücher hilfreich, die man als Student bereits in der Exegese kennen gelernt hat. Besonders gilt dies von solchen, die auch linguistische und literaturwissenschaftliche Methoden vermitteln, wie z. B.:

BERGER, Klaus, Exegese des Neuen Testaments, Heidelberg [2]1984 oder

EGGER, Wilhelm, Methodenlehre zum Neuen Testament, Freiburg i. Br. [2]1990.

Aufgaben

1. Welcher Sprache ist das: I Vitelli Dei Romani Sono Belli (Beispiel von Umberto Eco)?

2. Suchen Sie die genaue Bedeutung von folgenden Aussagen Schleiermachers im grimmschen Wörterbuch: „Religion", „bevorworten", „das Erkenntnis", „schlechthinnig" und klären Sie den Sinn der Rede Martin Luthers, entscheidendes Kriterium der Heiligen Schrift sei: „Was Christum treibet"!

3. Ingolf Dalferth behauptet in seiner Religionsphilosophie *Die Wirklichkeit des Möglichen*, dass die Bestreitung der Existenz Gottes nach Anselms Proslogion kein semantischer, sondern allenfalls ein performativer Selbstwiderspruch ist (442–450, bes. 447). Erläutern Sie, wie er auf diese Aussage kommt!

8. Wie kritisiere ich einen Text?

In der Kritik kommen alle Aspekte unserer bisherigen Arbeit am Text zusammen. Aufgabe der Kritik ist es, alle kritischen Elemente eines Textes herauszuarbeiten. Die kritische Prüfung kann dabei auch positiv ausfallen, das heißt, man kann und sollte dies auch (!) positiv bemerken, wenn auf einen Text bestimmte Kritikpunkte nicht zutreffen. Es kann durchaus sein, dass ein Text weitgehend oder vollständig überzeugt.

Damit nichts vergessen wird, soll durch die Kursivierung in diesem Abschnitt eine Art Checkliste der Kritik aufgestellt werden.

Bei einem **systematisch-theologischen Text** beginnt es mit den Kriterien, die wir im Anschluss an Schleiermacher aufgestellt haben:

- *praktisches und*
- *Wesenskriterium,*
- *externes (*) und*
- *internes Interdisziplinaritätskriterium (*).*

Im Anschluss an Karl Barth kommt die ganz entscheidende Frage hinzu, ob der Text sich

- *mit dem Wort Gottes konfrontiert* und von hier aus über die Selbstverständlichkeiten von Welt und Kirche hinausgelangt ist. Bei theologischen Texten ist ganz allgemein zu fragen, ob er ausgehend von der Offenbarung des dreieinigen Gottes in Jesus Christus
- *die Wirklichkeit von Gott, Mensch und Welt überzeugend zu erhellen vermag oder nicht.*

Damit verwandt ist auch die Frage, ob der Text

- *kreative Elemente (*)* besitzt oder ob er seine Leser mit Altbekanntem langweilt.

Einen großen Teil der kritischen Arbeit wird die Fragestellung einnehmen, ob ein Text

– *Mit dem Wortlaut und insbesondere mit dem Sinn der Bekenntnisschriften und der Bibel übereinstimmt und ob seine Aussage christusgemäß ist* (Prüfung auf Christlichkeit). Dabei ist auch zu fragen, ob ein Text lutherisch, evangelisch, allgemeinchristlich
– *Konsensfähig* ist oder nicht.
– *Interessant, wenn auch nicht für die Kritik notwendig, ist es, gegebenenfalls auf Widersprüche und Übereinstimmungen zu den* in Geltung stehenden *Lehrdokumenten anderer Kirchen* (insbesondere der römisch-katholischen) *und zu den heiligen Schriften anderer Religionen* (z. B. Koran) hinzuweisen. Dem kann eine ökumenische und interreligiöse Bewertung folgen.
– *Die Wahrheit eines Textes nach den unterschiedlichen Wahrheitstheorien* (*) führt zu Fragen wie:
– Macht der Text *Wirklichkeitsannahmen, die unserem allgemeinen und unserem wissenschaftlichen Wissen über die Wirklichkeit widersprechen (*)* (Korrespondenztheorie der Wahrheit)?

Im Sinne des Fortschrittskriteriums lohnt es sich auch so vorzugehen, dass man kritisch anmerkt, ob der Text

– die *Forschungsliteratur auf dem aktuellen Stand wahrgenommen (*)* hat.
– Pragmatisch ist zu sehen, ob *der Text etwas sehen lässt, was Fortschritte im Denken eröffnet.* (*)
– Beim genauen Lesen und Zusammenfassen des Textes sind uns weitere Kriterien begegnet. Dazu gehört zum Beispiel, ob ein Text *gut gegliedert* (*) ist, und ob er sich zentral auf Thema und Rhema konzentriert, oder ob er immer wieder
– *in überflüssiger Weise von der thematischen Konzentration abschweift (*)*. Es stellt sich auch die Frage, ob der Text *sein Thema*
– *vollständig behandelt* und ob nicht wichtige Aspekte oder wichtige Gesprächspartner, Gegenargumente, Sekundärliteratur oder Ähnliches fehlen (*).
– Sinnvoll kann auch folgendes Vorgehen sein: Man *arbeitet die Aussagen des Textes zu den klassischen inhaltlichen Themen der Dogmatik* (Gotteslehre, Schöpfungslehre, Sündenlehre, Anthropologie, Christologie, Versöhnungslehre, Pneumatologie, Ekklesiologie, Es-

chatologie) *heraus und vergleicht sie kritisch mit einer Dogmatik der Gegenwart.*

Des Weiteren ist zu klären, ob der Text

- *logische Widersprüche* (*) aufweist, ob
- *Argumentationslücken* (*) oder
- *problematische Passagen mit Scharnierfunktion* vorliegen, ob
- *problematische Voraussetzungen gemacht werden* (*), ob
- *Argumente fehlen* (*) oder ob
- *problematische Enthymeme* (*) verwendet wurden.

Weiter ist zu fragen:

- *Sind Begriffe und Termini sinnvoll definiert?* (*)

Im Bereich der Textpragmatik ist zu überprüfen, ob der Text

- *problematische Elemente im Sinne der vier Seiten einer Botschaft von Friedemann Schulz von Thun* (*) aufweist, etwa einen problematischen Beziehungsaspekt oder seltsame Selbstoffenbarungen.
- *Problematische Sprechakte* (*) und insbesondere
- *performative Selbstwidersprüche* (*) müssen herausgestellt werden. Ebenso gilt es zu bedenken, wie sich der Text auf Menschen und Menschengruppen auswirken könnte, die ihn als Wahrheit annehmen.
- Eine Grundfrage wird sein, ob die theologische Arbeit *Fragen von Menschen aufnehmen und in deren Lebenssituation orientierend sprechen kann* oder nicht
- Ob der Autor *für alle oder doch für die meisten Zeitgenossen Interessantes zu sagen hat* oder ob er nur für eine kleine Gruppe schreibt. (*)

Dabei gilt es auch,

- *die möglichen psychologischen Folgen* (*),
- *die möglichen kirchlichen oder auf andere Religionsgemeinschaften bezogenen* (*) und
- *die möglichen gesellschaftlichen und politischen Folgen* (*) zu thematisieren. Texte können in diesem Bereich zum Beispiel zu sozialer Aktivität, aber auch zu Fanatismus und psychischen Problemen (Überlegenheitsgefühle, unrealistische Ängste) Anlass geben. Bei al-

len diesen Fragen, ist die Aktivierung politischen, soziologischen oder psychologischen Wissens ebenso gefragt, wie die Fähigkeiten zu imaginieren, was sein könnte, wenn jemand sein Leben und Handeln auf die Aussagen des Textes aufbaut. Die Wirkungen auf besondere Gruppen wie

– *Frauen, Männer, Kinder, Behinderte, Minderheiten, Opfer von Kolonialismus, Rassismus, Antijudaismus* usw. sind dabei immer mit im Blick zu halten.

Über das bisher Behandelte hinaus, sollte man auch den Stil (*) eines Textes kritisch betrachten. Von den stilistischen Kriterien sind für die Kritik besonders wichtig:

– Ein Text kann zu viele Wiederholungen enthalten, er kann *zu redundant (*)* sein. Er kann aber auch zu kurz, mithin
– *lakonisch* (*) sein. Sein Vokabular kann g*ewählt* aber auch
– *gekünstelt* (*) sein.
– *Fremdworte können übertrieben verwendet sein (*)*, was dem Text etwas Angeberisches verleihen kann. Schlimmer noch sind aber
– *Stereotype (*)*, immer wiederkehrende aussagearme Wendungen, die auf ein unlebendiges Verhältnis zum Gegenstand oder gar auf ein ideologisch verfestigtes Denken rückschließen lassen.

Der Stil kann weiter

– *unangemessen vertraulich (*)* oder auch
– *unangemessen distanziert (*)* sein.

Sicher fallen Ihnen noch weitere Dinge ein, die Sie kritisch am Stil eines Textes feststellen können. Denn es ist leider so: Die meisten Systematischen Theologen und viele Religionsphilosophen schreiben keinen besonders guten Stil. Der Gerechtigkeit halber zu beachten ist allerdings, dass in früheren Zeitaltern andere Stilnormen galten, das heißt, dass beispielsweise etwas als normaler oder guter Stil galt, was wir heute für übertrieben kompliziert geschrieben ansehen würden.

Zum Abschluss unserer kritischen Betrachtungen zur Systematischen Theologie soll noch ein Gesichtspunkt genannt werden, der von lutherischen Dogmatikern immer wieder angewendet wird:

Die Unterscheidung von Gesetz und Evangelium

Die Unterscheidung von Gesetz und Evangelium erlaubt uns, wenigstens einen kurzen Blick auf Martin Luther (1483–1546), den ersten der großen Drei der evangelischen Theologie zu werfen. Mit Luther lohnt es sich sehr intensiv zu beschäftigen, auch wenn man bei ihm zahlreiche problematische Aussagen (nicht nur über die Juden) findet, die man mit Recht ablehnt. Luther betont, dass es im Wort Gottes zwei grundlegende Aussageformen gibt, das Gesetz und das Evangelium. Im *Kleinen Galaterkommentar* von 1519 definiert er Gesetz und Evangelium folgendermaßen:

Evangelium und Gesetz sind wesentlich darin unterschieden, dass das Gesetz predigt, was zu tun und zu lassen sei, nein, was schon begangen und unterlassen ist, und was unmöglich getan und gelassen werden kann (darum verschafft es allein die Erkenntnis der Sünden), das Evangelium aber, dass die Sünden vergeben und alles schon erfüllt und getan sei (zu Gal. 1,11 f. dt. Übersetzung, Lat. Text vgl. WA 2, 466).

Das Gesetz enthält also die Forderung und das Evangelium die frohe Botschaft Gottes. Die entscheidende Kunst des Theologen ist es nach Luther, Gesetz und Evangelium richtig zu unterscheiden.

In späteren Texten scheint er selbst freilich gezweifelt zu haben, ob es für Menschen möglich sei, Gesetz und Evangelium immer recht zu unterscheiden. So heißt es in einer Tischrede von 1531:

Kein Mensch auf Erden, der da zu unterscheiden wüßte zwischen Gesetz und Evangelium. Wir lassens uns wohl gedünken, wenn wir hören predigen, wir verstehens, aber es fehlet weit. Allein der Heilige Geist versteht diese Kunst. Dem Mann Christus hats auch gefehlt am Ölberge, also daß ihn ein Engel mußte trösten. Der war doch ein Doktor vom Himmel, dennoch ward er durch den Engel gestärkt (konfirmiert). Ich hätt gemeint, ich künnt es, weil ich so lang und viel davon geschrieben, aber wenn es an das Treffen geht, so seh ich wohl, daß es mir weit, weit fehlet. Also soll und muß allein Gott der heiligste Meister sein. (WA Tr 2, 4,7–16; Nr. 1234 zit. nach E. Hirsch, Hilfsbuch, 82).

Die richtige Unterscheidung von Gesetz und Evangelium soll es nach Luther darum bereits mit sich bringen, dass man im richtigen, getrösteten Zustand vor Gott ist. Dies ist in der Tat etwas, was theologische Texte nur mit Hilfe des Heiligen Geistes können. Dennoch verweist Luther hier auf ein wichtiges Kriterium, das an alle theologischen Texte anzulegen ist: Können sie trösten oder machen sie nur noch untröstlicher? Texte, die nicht wirklich trösten, wird man oft als gesetzlich charakterisieren können. Dies trifft merkwürdigerweise oft auch auf die Texte zu, die massiv das Evangelium zusprechen wollen, weil sie den Menschen in einer nicht glaubwürdigen Weise anreden.

Als ein zentrales Kriterium bleibt jedenfalls die Frage, ob in dem Text *Evangelium, frohe und hoffnungsvolle Botschaft deutlich* wird oder nicht.[60]

Religionsphilosophie wird unter den in der Liste alle die mit (*) gekennzeichneten Punkte ebenfalls aufwerfen. In der Religionsphilosophie wird außerdem von besonderer Bedeutung sein, ob

– *die notwendige Entfernung von einer Verkündigungshaltung eingehalten wurde.*
– Immer gilt es auch zu prüfen, ob *zutreffende Kenntnisse der Religionen zugrundeliegen.* Da die Fülle der Religionen und der religiösen Phänomene sehr große Herausforderungen an den Religionsphilosophen stellt, wird man hier besonders häufig mit seiner Kritik fündig.

Außerdem wird man besonders fragen, ob

– *Arbeit am Begriff* und
– *ein kreativer Aufstieg in neue Interpretationsebenen* im Sinne Hans Lenks geleistet wurden.

Sowohl für Systematische Theologie als auch für Religionsphilosophie gilt: Bei allen Kritiken kann es immer wieder sinnvoll werden, auch wieder zu interpretativen Schritten, insbesondere zur dialogischen Interpretation zurückzugehen. Dieses Zurückgehen ist keine Schwäche, etwa im Sinne einer mangelhaften Unterscheidung von Interpretation

---

60 Dass und wie man Luthers – umstrittenes, missverständliches und vielfach missverstandenes Kriterium des Kreuzes auch noch in der heutigen Systematischen Theologie anwenden kann, zeigt auf: Rieger, Hans-Martin, Theologie als Funktion der Kirche. Eine systematisch-theologische Untersuchung zum Verhältnis von Theologie und Kirche in der Moderne, Berlin 2007, 432–462.

und Kritik, sondern es entspricht dem Zusammenhang von Wahrheit und Interpretation (Tarski, Davidson).

Literaturempfehlungen

BAGGINI, Julian/FOSL, Peter S., The Philosopher's Toolkit: A Compendium of Philosophical Concepts and Methods, Oxford 2003, 66–212. (**) (Für die kritische Prüfung von Texten findet man manche weitergehende Anregungen in diesem bereits genannten Buch.)

Weitere Hinweise nur zu Luther:
ALTHAUS, Paul, Die Theologie Martin Luthers, Gütersloh [7]1994. (*) (Meines Erachtens immer noch die zugänglichste und lehrreichste Theologie Luthers.)
BAYER, Oswald, Martin Luthers Theologie. Eine Vergegenwärtigung, Tübingen [3]2007. (Eine ebenfalls lesenswerte Darstellung.)
HIRSCH, Emanuel, Hilfsbuch zum Studium der Dogmatik, Berlin [4]1964. (**) (Quelle für zahlreiche sehr wichtige Lutherzitate.)

Aufgabe

– Kritisieren Sie unseren Beispieltext aus Anselms *Proslogion* sowie einen weiteren religionsphilosophischen oder theologischen Text Ihrer Wahl!

9. Wie baue ich mir selbst eine systematisch-theologische Auffassung auf?

9.1 Allgemeines zur kreativen theologischen Weiterarbeit

Der Aufbau einer eigenen systematisch-theologischen Auffassung ist nach Schleiermacher ein ständiges Ziel für jeden Theologen; andererseits werden viele es eher so weit bringen, dass sie gegen Mitte oder Ende des Studiums nur wissen, dass sie sich mehr an Luther oder Schleiermacher, Karl Barth oder Pannenberg oder an einem anderen Lehrer orientieren und möglicherweise in diesem und jenem Punkt nicht mit diesen übereinstimmen. Wer so weit kommt, hat immerhin bereits einiges erreicht.

Wenn man aber darüber hinausgelangen will, dann muss man an einem oder mehreren der folgenden vier Ansatzpunkte weiterkommen:

1. Die grundlegende Interpretation der Systematischen Theologie ist christologisch. Ein neues, besser erarbeitetes *Christusbild* eröffnet immer neue Möglichkeiten für die Systematische Theologie. Man kann dafür Jesus- und Christusbücher lesen und sollte auf alle Fälle exegetisch arbeiten.

2. Die Durchführung der Interpretation findet an der Wirklichkeit von Gott, Mensch und Welt statt. Je bessere *Kenntnis man über Gott, den Menschen und die Welt* hat, umso leichter kann man auch auf diesem Gebiet auf gute, neue Ideen kommen. Dazu ist es hilfreich, dass man am Leben der Menschen teilnimmt, selbst etwas erlebt hat und wissenschaftliche Bücher, aber auch Literatur liest.

3. *Selbsterkenntnis.* Besonders hilfreich kann es für das Finden einer *eigenen* Theologie sein, wenn man seine eigenen und eigensten Fragen stellt oder sie allererst zu stellen wagt. Es kommt für die Bilanz des eigenen Lebens am Ende viel mehr darauf an, dass ich meine Fragen, als dass ich die Fragen Luthers oder Karl Barths geklärt habe.

4. *Verfeinerung der Methoden.* Die in diesem Buch dargestellten Methoden sind für alle, die weiter kommen wollen, bloß ein Anfang. Man kann in der Logik, in der Linguistik, in der Textpsychologie, in der sprachanalytischen Philosophie, in der Phänomenologie, in der Hermeneutik und in der Religionsphilosophie noch sehr viel lernen, was tatsächlich dazu führt, genauere Beschreibungen und bessere Begriffe zu entwickeln, die schließlich auch zu einem differenzierteren und besseren eigenen Denken führen. Einige weiterführende Literaturhinweise auf als Einführungen konzipierte Bücher stehen am Ende dieses Kapitels.

In der evangelischen Theologie gibt es eine Methode, die die theologische Kreativität Schritt für Schritt verwirklichen soll: Es handelt sich um die **Korrelationsmethode von Paul Tillich.** Tillich schreibt dazu in seinem Hauptwerk *Systematische Theologie*:

Das folgende System ist ein Versuch, mit Hilfe der Methode der „Korrelation" Botschaft und Situation zu vereinigen. Es sucht die Fragen, die in der Situation enthalten sind, mit den Antworten, die in der Botschaft enthalten sind, in Korrelation zu bringen. Es leitet die Antworten nicht aus den Fragen ab, noch gibt es Antworten, die nichts mit der Frage zu tun haben. Es setzt Fragen und Antworten, Situation und Botschaft, menschliche Existenz und göttliche Selbstoffenbarung in Korrelation.[61]

Um seine Methode in Anwendung zu bringen, geht Tillich von zwei Größen aus:

(1.) von der Situation des Menschen, so wie sie durch die Arbeit von Wissenschaftlern, Philosophen und Künstlern eine vertiefte Interpretation erhalten hat.

(2.) Von der biblischen Botschaft, so wie sie in traditioneller Sprache formuliert wird.

In einem zweiten Schritt bearbeitet Tillich die Situationsbeschreibung dahingehend weiter, dass aus ihr eine

(1') Beschreibung der Situation in den Begriffen der Existenzanalyse wird. Um diese Beschreibung vorzunehmen, sind intensive

---

61 Tillich, Paul, Systematische Theologie, Bd. I, Stuttgart 1958, 15.

Kenntnisse der Existenzphilosophie (im Sinne von Tillich: der späte Schelling, Kierkegaard, Heidegger, Jaspers) nötig. Diese Beschreibung ist bereits mit einem Blick auf die von der Theologie aus zu gebende Antwort zu verfassen.

Die biblische Botschaft wird so weiterbearbeitet, dass

(2') die Symbole der göttlichen Selbstoffenbarung (z. B. Christus als der Herr, als der Erlöser usw.) herausgestellt werden. Symbole sind verdichtete Aussagen, die ein reiches Sinnpotential besitzen, Aussagen, „die zu denken geben" (P. Ricœur). Inhaltlich sind es oft zentrale Metaphern des christlichen Glaubens. Ihnen eignen nach Tillich folgende Eigenschaften: Uneigentlichkeit (als Metaphern beziehen sie sich auf etwas anderes als im alltäglichen Sprachgebrauch), Selbstmächtigkeit (man kann sie nicht willkürlich ändern), Bezug auf das Unbedingte und Geschichtlichkeit (sie können entstehen und vergehen).

(3') In einem dritten Schritt sind Existenzanalyse und die Symbole der göttlichen Selbstoffenbarung zusammenzubringen. Tillich vollzieht dies nach dem Schema Frage und Antwort. Die Frage (1'') wird aus der Situation formuliert, während die Antwort (2'') eine Interpretation der Symbole der göttlichen Selbstoffenbarung ist. Diese Interpretation findet in der Sprache der Situation und in der Macht der göttlichen Botschaft statt.

Verbessern kann man Tillichs Theorie, wenn man nicht nur der Situation, sondern auch der Botschaft die Fähigkeit, Fragen zu stellen zuordnet und annimmt, dass die Situation bereits die Antwort ist auf bestimmte von Gott gestellte Fragen.

Fachübergreifend gesagt

Befreiungstheologische Methodik

Eine Methode theologischer Kreativität, die alle theologischen Fächer einbezieht, hat die lateinamerikanische Befreiungstheologie entwickelt. Ausgangspunkt ist der Dreischritt von Sehen, Urteilen, Handeln (Span.: Ver, juzgar y obrar), der in der pastoralen Arbeit in den Basisgemeinden zur Anwendung kommt. Auf der Ebene universitärer Theologie wird daraus die Abfolge:

1. sozioanalytische Vermittlung (mediación socio-analítica),
2. hermeneutische Vermittlung (mediación hermenéutica) und
3. praktische Vermittlung (mediación práctica).

Clodovis Boff (geb. 1944) führt dazu aus: Die sozioanalytische Vermittlung nimmt die Welt der Armen und Unterdrückten in den Blick und sucht die Gründe der Unterdrückung zu verstehen. Die hermeneutische Vermittlung „bemüht sich, zu entdecken, welches der göttliche Plan hinsichtlich der Armen ist"[62]. Es geht dabei um eine Hermeneutik, die vier Kennzeichen hat: Betonung der Anwendung der biblischen Texte auf die heutige Situation, besondere Beachtung der verändernden Kraft der Bibel und ihres sozialen Kerns, Auslegung an der Seite der Armen. Die Befreiungstheologie geht davon aus, dass es ein Erschließungspotential der Bibel für die Situation des Armen und ein Erschließungspotential der Situation des Armen für die Bibel gibt. Dies ist der spezifische „hermeneutische Zirkel", in dem sie arbeitet. Die praktische Vermittlung bedenkt die Umsetzung der Erkenntnisse aus den ersten beiden Schritten. Für in Europa tätige Theologinnen und Theologen kann diese Methode eine interessante Anregung darstellen. Die Erfahrung von Armen, Kranken, Ausgegrenzten gibt es auch in Europa. Aus ihrer Sicht lassen sich interessante biblische und dann auch systematisch-theologisch relevante Einsichten gewinnen.

---

62 Boff, Clodovis, Wissenschaftstheorie und Methode der Theologie der Befreiung, in: Ellacuría, Ignacio/Sobrino, Jon (Hg.), Mysterium liberationis. Grundbegriffe der Theologie der Befreiung. Bd. 1, Luzern 1995, 63–97, 84 (span. Original: Mysterium liberationis. Conceptos fundamentales de la Teología de la Liberación, Madrid 1990).

Interessant ist es in diesem Bereich, sich auch einige Ideen aus **der Psychologie der Kreativität** anzueignen. Hans Lenks Buch *Kreative Aufstiege* bietet dazu zahlreiche Anregungen und Forschungsergebnisse. Neben harter Arbeit und guten Kenntnissen und Fähigkeiten, scheint für die Kreativität vor allem auch die Begeisterung für das, was man tut, von ganz ausschlaggebender Bedeutung zu sein. „The essence of creativity is being in love with what one is doing".[63]

Aus der Kreativitätsforschung stammt auch ein praktischer Hinweis: Führen Sie ein Ideentagebuch für theologische Einfälle! Hängen Sie diesen Einfällen (zum Beispiel bei langen Zugfahrten) nach und „träumen" Sie sie weiter.

9.2 Eine kreative Methode für Fußgänger

Selbstverständlich ist nicht jedem jederzeit der große kreative Einfall gegeben. In diesem Fall gibt es immer noch eine zuverlässige Methode:

— Gehen Sie einfach die Beiträge der einzelnen anderen theologischen Fächer durch und stellen Sie zusammen, was AT, NT, Kirchengeschichte und Praktische Theologie zu einem Thema gesagt haben!
— Fügen Sie dann noch hinzu, was vielleicht aus (Religions-)Soziologie, (Religions-)Psychologie, Religionswissenschaft und Religionsphilosophie Einschlägiges gesagt wurde!
— Stellen Sie schließlich auch noch dar, was andere Systematische Theologen zu dem Thema gesagt haben. Achten Sie jeweils dabei darauf, dass Sie beim Thema bleiben!
— Wenn Sie dabei auf Widersprüche, Spannungen und neue Anregungen achten, dann lässt sich oft relativ leicht ein eigener Gedankengang konstruieren.[64]

---

63 Torrance, E. Paul, The Nature of Creativity as Manifest in its Testing, in: Sternberg, R. J. (Hg.), The Nature of Creativity, Cambridge u. a. 1988, 68.
64 Vgl. dazu in 6.2 „Argumentation und Logik für Anfänger" die Ausführungen zu kontradiktorischen Gegensätzen.

⌐ **Fachübergreifend gesagt** ⎯⎯⎯⎯⎯⎯⎯⎯⎯⎯⎯⎯⎯⎯⎯⎯⎯⎯

Die articuli-Methode

In einer etwas vereinfachten Form kann man theologische Probleme auch nach der articuli- Methode einer scholastischen Quaestio behandeln. Dabei geht man am einfachsten so vor, wie Thomas von Aquin es in seiner *Summa theologiae* tut. Da dabei auch exegetische, historische (Kirchenväter!) und praktisch-theologische Gesichtspunkte eine Rolle spielen, kann man auch hier von einer fächerübergreifenden Methode sprechen. Um die articuli-Methode zu vollziehen, hat man folgende Schritte durchzuführen:

1. Ausgangspunkt ist bei jedem articulus immer eine Entscheidungsfrage, also: Eine Frage, die man mit „ja" oder „nein" beantworten kann. Beispiel: Ist die Theologie eine Wissenschaft? *Utrum* sacra doctrina *sit* scientia?

2. Dann folgen Argumente für eine Entscheidung, zum Beispiel dafür, dass sie keine Wissenschaft ist. Thomas leitet dies mit *videtur quod* ein. Die Argumente stammen bei ihm aus der Bibel und von Kirchenvätern, manchmal auch von Philosophen und werden jeweils mit Zitaten belegt. In unserer modernisierten Fassung lassen wir auch Argumente, die wir selbst finden, Argumente aus kirchlichen Texten (Bekenntnisschriften usw.) und aus der allgemeinen Kultur zu, wobei man Popstars, Kabarettisten oder so genannte einfache Leute nicht auszuschließen braucht.

3. Möglichst alle Argumente für das „Nein" werden aufgezählt und mit *praeterea* angeschlossen.

4. Dann folgen die Gegenargumente. In unserem Fall also die Argumente dafür, dass Theologie Wissenschaft ist. Thomas leitet sie mit *sed contra* ein. Auch hier gelten dieselben möglichen Quellen für Argumente wie in 2.

5. Nach der Darstellung folgt die Entscheidung. Thomas leitet sie immer mit *respondeo* ein. Die Entscheidung enthält meistens auch eine Argumentation dafür, warum so zu urteilen ist. Manchmal wird auch eine differenzierte Antwort gege-

ben, etwa in dem Sinne: Wenn man Wissenschaft als empirische Wissenschaft versteht, dann nein, aber es gibt auch andere Wissenschaften …

6. Als letzter Schritt folgt die Widerlegung aller Argumente für die zurückgewiesene Alternative. Thomas führt das durch: *ad primum*, *ad secundum* usw. ein.

Mit dieser Methode kann man alle theologischen Fragen in Dogmatik und Ethik erörtern.

Literaturempfehlungen

Huneman, Philippe/Kulich, Estelle, Introduction à la phénoménologie, Paris 1997. (Eine unter den sehr guten Einführungen in die Phänomenologie, die auf Französisch erschienen sind.)

Kutschera, Franz von, Vernunft und Glaube, Berlin 1991.

Leiner, Martin, Kein Gott, der den Menschen Fragen stellt? Jüdische und literarische Anfragen zur theologischen Methode und zur Gotteslehre Paul Tillichs, in: Grau, Karin/Haigis, Peter/Nord, Ilona (Hg.), Tillich Preview 1, Berlin 2007, 3–20. (Ein Versuch, die Korrelationsmethode als Abfolge von Interpretationsschritten im Detail zu rekonstruieren.)

Lenk, Hans, Kreative Aufstiege: Zur Philosophie und Psychologie der Kreativität, Frankfurt a. M. 2000.

Meixner, Uwe, Einführung in die Ontologie, Darmstadt 2004.

Ott, Heinrich/Otte, Klaus, Die Antwort des Glaubens. Systematische Theologie in 50 Artikeln, Stuttgart [4]1999. (Sehr gute Einführung in die Systematische Theologie nach der articuli-Methode.)

Ricœur, Paul, Das Selbst als ein anderer, München 1996 (frz. Original: Soi-même comme un autre, Paris 1990). (Empfohlen für diejenige, die die Zusammenarbeit von Phänomenologie und Analytischer Philosophie an einem Beispiel durchgeführtim Detail zu rekonstruieren.)

Runggaldier, Edmund, Analytische Sprachphilosophie, Stuttgart 1990.

Runggaldier, Edmund/Kanzian, Christian, Grundprobleme der Analytischen Ontologie, Paderborn 1998.

Ströker, Elisabeth, Husserls transzendentale Phänomenologie, Frankfurt a. M. 1987.

Aufgaben

– Lesen Sie in der *Summa theologiae* von Thomas von Aquin den Articulus 5 aus der erste Quaestio in Band 1 (STh 1 q. 1 a.5) und machen Sie sich das Vorgehen nach der articuli-Methode deutlich!

– Schreiben Sie Ihre wichtigsten systematisch-theologischen Fragen und Probleme auf und skizzieren Sie, in welcher Richtung Sie eine Antwort sehen!

– Formulieren Sie Ihre Fragen als Entscheidungsfragen und diskutieren Sie Ihre Fragen nach der articuli-Methode! Sprechen Sie mit anderen darüber und bitten Sie sie, weitere Argumente zu nennen.

– Schreiben Sie Ihre wichtigsten religionsphilosophischen Fragen und Probleme auf und skizzieren Sie, in welcher Richtung Sie eine Antwort sehen!

– Bearbeiten Sie in OTT, Heinrich/OTTE, Klaus, Die Antwort des Glaubens. Systematische Theologie in 50 Artikeln eine Frage und diskutieren Sie sie mit einem Freund/einer Freundin so leidenschaftlich und kontrovers, dass deutlich wird, warum die theologisch scharfe Disputation im Judentum pilpul (= Pfeffer) heißt.

10. Wie baue ich mir eine religions-philosophische Auffassung auf?

10.1 Allgemeines

In der Religionsphilosophie kann man ganz ähnlich wie in der Systematischen Theologie an vier Punkten arbeiten, um zu einer kreativen eigenen Ansicht zu gelangen:

1. Wichtig ist hier eine *genaue Kenntnis der Welt der Religionen*. Lesen Sie sehr viel über die unterschiedlichsten Religionen! Reisen Sie auch in fremde Länder, um die dortigen Religionen kennen zu lernen. Das wird Ihnen Ideen geben.
2. Vertiefen Sie Ihre *Kenntnisse in Philosophie*! Die Kenntnis philosophischer Positionen, auch solcher aus anderen Erdteilen, hilft Ihnen in der Religionsphilosophie kreativ zu sein.
3. *Selbsterkenntnis.* Am kreativsten ist man, wenn man von einer Frage begeistert ist. Deshalb stellen Sie sich die Frage: Welches Thema interessiert mich wirklich? Welche Frage will ich wirklich klären?
4. *Verfeinerung der Methoden.* Ganz gleich wie in der Systematischen Theologie bringt eine Verfeinerung der phänomenologischen, sprachanalytischen, linguistischen, hermeneutischen usw. Methoden auf diesem Gebiet weiter.

10.2 Eine kreative Methode für Fußgänger

Auch in der Religionsphilosophie gibt es eine kreative Methode für Fußgänger.

- Stellen Sie die zu einer bestimmten Frage alles zusammen, was aus der Welt der Religionen und
- aus den Arbeiten der Religionsphänomenologen, -soziologen, – psychologen und

– der Religionsphilosophen zugänglich ist.
– Wenn Sie das getan haben und über das Zusammengestellte, seine Widersprüche, Spannungen und Anregungen nachdenken, dann kann es leicht sein, dass Sie neue, kreative Einfälle haben.

11. Wie stelle ich meine eigene Auffassung am Geschicktesten dar?

11.1 Grundlegende Bemerkungen

Für die Darstellung der eigenen Auffassung ist es sinnvoll, sich bevor man zu schreiben anfängt, Zeit zu nehmen, um den *Gedankenaufbau zu klären*. Eine beliebte Methode dazu ist das Mindmapping. Es funktioniert so, dass man das Thema in die Mitte eines großen Blattes schreibt und von dieser Mitte ausgehend Pfeile in alle Richtungen zeichnet, die wichtige Aspekte dessen, was man zu dem Thema sagen will, festhalten. Dabei kann man auch in den Pfeilen Verzweigungen einbauen und so Unterpunkte andeuten. Wer gerne am PC arbeitet, kann sich dafür auch Computerprogramme besorgen. Als nächsten Schritt sollte man eine Gliederung erarbeiten und dabei folgende Merkmale einer guten Gliederung beachten.

Eine gute Gliederung hat sechs Merkmale[65]

1. Sie muss eine Einleitung und ein Fazit am Ende beinhalten.
2. Sie darf nur nach einem einzigen Gesichtspunkt vorgenommen worden sein.
3. Sie muss das ganze Gebiet des Themas umfassen und darf nicht wichtige Aspekte auslassen.
4. Die einzelnen Gliederungspunkte müssen sich nach Möglichkeit trennscharf unterscheiden, das heißt es muss bei jeder inhaltlichen Einheit klar sein, zu welchem Gliederungspunkt sie gehört.

---

65 Die zu diesem Thema genannten Gesichtspunkte sind eine überarbeitete Fassung von KÄLIN, Bernhard, Lehrbuch der Philosophie, Bd. I, Sarnen [5]1957, 20 ff und PÖHLMANN, Horst-Georg, Abriss der Dogmatik, Gütersloh [3]1983, 31.

5. Die verschiedenen Einteilungsgrade dürfen nicht vermischt werden (man kann die Menschen nicht in Europäer, Italiener und Kölner einteilen).
6. Sie muss übersichtlich sein, das heißt: Sie sollte auf einer Gliederungsebene nach Möglichkeit nicht mehr als sieben Elemente beinhalten (= die Anzahl von Elementen, die ein durchschnittlicher Mensch im Kurzzeitgedächtnis behalten kann).

Sinnvoll ist es, aufgrund dieser Merkmale noch einmal zu überlegen, ob man keine wichtigen Gesichtspunkte übersehen hat. Gleichzeitig kann man sich den Zusammenhang des Themas deutlich machen.

Klassische Gliederungen sind, wie bereits dargestellt, die sequentielle, die hierarchische und die aus hierarchischer und sequentieller Gliederung gemischte Einteilung.

Wenn man die Gliederung erarbeitet hat, empfiehlt es sich, wenn möglich, die Gliederung mit einem Dozenten abzusprechen. So ist relativ sichergestellt, dass man nicht in eine völlig falsche Richtung arbeitet.

Danach geht es darum, die einzelnen Punkte abzuarbeiten. Dazu benötigt man Sekundärliteratur. Viel Zeit erspart es, sofort eine Literaturverzeichnis-Datei anzulegen und sobald man ein Buch aus der Sekundärliteratur verwendet, die Angaben in diese Datei einzufügen.

Wie man im Literaturverzeichnis Angaben macht und wie man, auch aus unüblicheren Quellen wie aus Filmen oder Weblogs zitiert, kann man in dem Dudenheft, *Die schriftliche Arbeit* nachschlagen. Dieses Buch sollten Sie sich unbedingt anschaffen!

Ebenso ist es immer gut und sinnvoll an seinem Stil zu arbeiten. Die wichtigste stilistische Regel stammt aus der antiken Rhetorik. Sie lautet: „Rem tene, verba sequuntur!" „Halte die Sache (fest im Blick), dann folgen die Worte!" Es kommt darauf an, Thema und Rhema, das worüber man sprechen will und das, was man sagen will, fest und konzentriert im Blick zu behalten!

Außerdem gibt es noch eine Anzahl sinnvoller stilistischer Hinweise, wie z. B. in der Regel kurze Sätze schreiben! Oder Verweisworte wie „dieser", „jener", „letzterer", „ersterer" usw. selten und nur dann verwenden, wenn der Bezug klar ist. Es lohnt sich, auch einmal ein Buch über guten Stil durchzuarbeiten (Siehe die *Literaturempfehlungen*).

Eine weitere Frage ist auch das Verhältnis von eigenem Text und Zitaten. Dafür kann man allgemein die Regel annehmen: Selbstverständlich ist es essentiell, die Aussagen, die sich auf andere Autoren beziehen, durch Zitate zu belegen. Wenn man zum Beispiel schreibt, dass Luther dies und jenes gesagt habe, dann ist durch eine Fußnote anzugeben, wo er dies tut. Ebenfalls können Fußnoten eingesetzt werden, um auf Argumentationen hinzuweisen, denen man sich anschließt. Sie dienen dann zur Abkürzung des Textes. Insgesamt sollte man in der Regel darauf achten, dass die Fußnoten nicht mehr als ein Viertel der jeweiligen Seiten einnehmen. Vermeiden sollte man es, in den Fußnoten alle erbaulichen oder weniger erbaulichen Einfälle zum Text oder Polemiken gegen Wissenschaftler zu bringen, die eigentlich gar nicht zum eigenen Hauptgedanken gehören. Auch mit Exkursen sollte man sparsam umgehen.

Wichtig ist es schließlich auch, den Hauptgedanken klar herauszustellen und auf Einleitung und Schluss besondere Sorgfalt zu verwenden. Diese Teile werden von eiligen Lesern mit besonderer Aufmerksamkeit gelesen.

Seine eigene Auffassung vorzutragen, hat man im Studium vor allem durch Referate und durch Examina Gelegenheit. Deshalb zum Abschluss noch einige sehr kurze *Hinweise für diese Gelegenheiten.*

11.2 Hinweise für Referate und mündliche Vorträge

Mündliche Referate verlangen eine klare Gliederung. Auch wenn man sie nicht vorher schriftlich ausformuliert, muss man sich sehr genau über den Aufbau Gedanken gemacht haben. Sinnvoll ist es, für *mündliche Referate die Fähigkeiten der Zusammenfassung, Interpretation und Kritik zu nutzen. Eine große Gefahr sind Referate, die statt zusammenzufassen, den Text bloß nacherzählen. Wichtig für ein gutes Referat ist darum Kürze und Prägnanz.* Außerdem ist die Kontaktaufnahme mit den Zuhörern, ihre Einbeziehung in eine Art Dialog sehr hilfreich, um ein spannendes Referat vorzutragen. Wiederholungen sollte man dann immer wieder einstreuen, wenn es um die Zusammenfassung von zentralen Aussagen und Einsichten geht. Statt abzulesen, ist es oft besser, von Stichwortzetteln oder Mindmaps auszugehen.

Für Referate werden auch Kurse angeboten. Es lohnt sich oft, solche zu besuchen. Wenn irgend möglich, sollte man Referate bevor man sie im Seminar hält, einem Freund oder einer Freundin vortragen.

11.3 Einige Hinweise zur Examensvorbereitung

Der häufigste Fehler bei Examensvorbereitungen ist, dass man zu viel lernt und zu wenig darauf achtet, dass man im Examen das Gelernte auch reproduzieren muss. Besser ist es, weniger zu lernen und Zeit zur Wiederholung und zum Einprägen einzuplanen.

Examina haben oft einen mündlichen und einen schriftlichen Teil. Der schriftliche schließt in der Regel zahlreiche Elemente einer Darstellung der eigenen Auffassung ein, der mündliche hat Elemente eines Referats. Wichtig ist, dass man beides zahlreiche Male übt, bevor es ernst wird. Die Regeln einer guten Gliederung, einer guten Zusammenfassung und Kritik sind auch für Examina von sehr großer Bedeutung. Da Sie diese nun nach der Lektüre dieses Buches bereits im Grundsatz beherrschen, können Sie auch diesen Prüfungen gelassener entgegengehen.

Literaturempfehlungen

NIEDERHAUSEN, Jürg, Duden. Die schriftliche Arbeit kurz gefasst, Mannheim ³2006. (**) (Ein unverzichtbares Nachschlageheft für alle wissenschaftlichen Arbeiten.)
SCHNEIDER, Wolf, Deutsch für Profis. Wege zum guten Stil, München 1999. (Sehr gut zu lesende Anleitung zur Verbesserung des Schreibstils.)
www.Mindjet.com und www.smartdraw.com sind Bezugsquellen für Mindmap-Programme.

Aufgaben

– Beurteilen und verbessern Sie die folgende Gliederung:
Buchtitel: *Von Religionen und Menschen* (Jean Delumeau, frz. Original, Paris 1997).
  1. Gründe einer Wahl

2. Die ältesten Religionen
3. Abraham
4. Mose
6. Buddha
7. Konfuzius
8. Jesus
9. Mohammed
10. Geburt des Christentums
11. Katakomben und Verfolgungen
12. Kirchenväter und Konzilien
13. Staat und Religion
14. Kirchen, Moscheen und Synagogen
15. Jüdische Feste und Zeremonien
16. Die jüdische Diaspora
17. Die christlichen Feste
18. Die fünf Säulen des Islam
19. Die Ausbreitung des Islam
20. Die islamischen Reiche
21. Die Kreuzzüge
22. Das Mönchtum
23. Die christliche Architektur
24. Die christliche Ikonographie
25. Maria
26. Die orthodoxe Kirche
27. Inquisition, Häresie und Hexerei
28. Luther

- Fertigen Sie eine Gliederung an zu dem Thema: Die Taufe!
- Fertigen Sie eine Gliederung an zu dem Thema: Polytheismus und Monotheismus!

Personenregister

Peter Fischer
Philosophie der Religion
UTB 2887

Das Buch bietet eine profunde Einführung in klassische Themenfelder der Religionsphilosophie: Gottesbeweise, Theodizee und Religionskritik. Verschiedene Deutungen der Religion werden systematisch dargestellt und besprochen. Diese reichen von geschichts- und moralphilosophischen, sprach- und kulturphilosophischen über anthropologische Auslegungen bis zur philosophischen Reflexion von soziologischen, systemtheoretischen, psychoanalytischen und neurologischen Erklärungen der Religiosität.

Schließlich diskutiert der Autor das Verhältnis von Religion und Politik – ein Thema, das aufgrund der aktuellen Debatten über Werteerziehung und weltanschaulichen Pluralismus, auch in der Bewertung von und dem Umgang mit Chancen und Herausforderungen der Biotechnologien, der Diskussion um Menschenbild und neueste Erkenntnisse der Naturwissenschaften und nicht zuletzt über Religion als geopolitische Größe an Brisanz gewonnen hat.

Das Profil des Buches besticht durch seine Verständlichkeit und seine positiv distanzierte und differenzierte Betrachtungsweise. Der Autor schreibt aus einer dezidiert philosophischen Perspektive heraus, die sich keiner theologischen Richtung verpflichtet weiß, sodass die Inhalte einer breiten Leserschaft zugänglich werden.

» Zu wissen, was Religion eigentlich ist, kann Debatten strukturieren, Diskurse auf die entscheidenden Punkte bringen und Vorurteile gegenüber institutionellen und gesellschaftlichen Ausdruckformen von Religion zugunsten einer sachlicheren Sicht überwinden helfen. Peter Fischer leistet dazu mit seinem handlichen Taschenbuch „Philosophie der Religion" einen wichtigen Beitrag. ... Trotz der Kürze gelingt so eine differenzierte Darstellung, was nicht zuletzt im Literaturverzeichnis deutlich wird, das jeder, der eine religionsphilosophische Seminararbeit schreiben will, getrost als Ausgangspunkt nehmen kann [...] Zudem findet man sich in dem gut strukturierten Buch Dank vielsagender Überschriften und praktischem Personenindex schnell zurecht« *literaturkritik.de*

Wolfgang Lienemann
Grundinformation Theologische Ethik
UTB 3138

Dieses Buch führt in die Grundbegriffe der Ethik ein und stellt aktuelle
Ethik-Konzeptionen mit religiösem und nicht-religiösem Hintergrund vor.

Lienemann erörtert wichtige Voraussetzungen, Grundbegriffe und Positionen der Ethik in der Gegenwart – im Gespräch mit außertheologischen
Konzeptionen, im Blick auf ökumenische und interreligiöse Kontroversen
und Dialoge und in kritischer Zuordnung von ethischen und rechtlichen
Fragestellungen.
Der Autor konzentriert sich auf grundlegende Einleitungsprobleme und
bleibende Kontroversfragen unter Berücksichtigung des kulturellen Pluralismus.
Fragen und Hinweise zur Weiterarbeit jeweils am Kapitelende leiten zur
selbstständigen Aneignung des Stoffes und kritischen Auseinandersetzung
mit dem Inhalt an.

Martin Hailer
Glauben und Wissen
Arbeitsbuch Theologie und Philosophie

Was ist Glaube, was Wissen – ergänzen sie sich oder sind sie Konkurrenten
im Streit um die Wahrheit? Oder haben sie vielleicht nichts miteinander zu
tun, weil sie sich auf völlig verschiedene Daseinsbereiche beziehen? Diese
Frage beschäftigt das Denken seit Beginn der Philosophie und, noch einmal
auf andere Weise, seit der christliche Glaube entstand und sich ausbreitete.
Die Wege und Themen, auf denen man dem Verhältnis von Glauben und
Wissen nachgehen kann, sind vielfältig und verzweigt.
Das vorliegende Arbeitsbuch leitet zur eigenständigen Erkundung und Ur-
teilsbildung in diesem Feld an. Anhand von zehn ausgewählten Beispielen
aus der Theologie- und Philosophiegeschichte werden die Grundkonflikte
thematisiert. Jedes Beispiel stellt namhafte Denker und ihr Werk vor. Unter anderem kommen Platon, Aristoteles, Augustinus, Thomas von Aquin,
Martin Luther, Immanuel Kant und Friedrich Nietzsche zu Wort. Jedes Kapitel endet mit dem Hinweis auf einen Originaltext des jeweiligen Denkers.
Lektürefragen ermöglichen eine eigenständige Erschließung und Diskussion. Am Schluss wird gleichwohl eine Skizze der Position des Verfassers
zur Diskussion gestellt. Hinweise auf wichtige Einführungen in die Religionsphilosophie runden den Band ab und unterstreichen seinen Charakter
als Studienbuch.

UTB – Uni-Taschenbücher V&R

Lukas Bormann
Bibelkunde
Altes und Neues Testament
UTB 2674
2., durchges. Auflage 2008. 293 Seiten mit
20 Abb., kartoniert
ISBN 978-3-8252-2674-9

Jan Christian Gertz (Hg.)
Grundinformation
Altes Testament
Eine Einführung in Literatur, Religion und
Geschichte des Alten Testaments
UTB 2745
In Zusammenarbeit mit A. Berlejung,
K. Schmid und M. Witte. 2., durchges.
Auflage 2007. 557 Seiten mit 16 Abb. und
zahlreichen Tabellen, kartoniert
ISBN 978-3-8252-2745-6

Hans-Christoph Schmitt
Arbeitsbuch
zum Alten Testament
Grundzüge der Geschichte Israels und der
alttestamentlichen Schriften
UTB 2146
2., durchges. Aufl. 2007. 478 Seiten mit 5
Karten, kartoniert. ISBN 978-3-8252-2146-1

Udo Schnelle
Theologie des Neuen Testaments
UTB 2917
2007. 747 Seiten, kartoniert
ISBN 978-3-8252-2917-7

Gerd Lüdemann / Frank Schleritt
Arbeitsübersetzung
des Neuen Testaments
2008. 567 Seiten, kartoniert
ISBN 978-3-8252-3163-7

Udo Schnelle
Einleitung
in das Neue Testament
UTB 1830
6., neubearb. Auflage 2007. 607 Seiten mit
6 Karten, kartoniert
ISBN 978-3-8252-1830-0

Udo Schnelle
Einführung in die
neutestamentliche Exegese
UTB 1253
7., durchges. und erg. Auflage 2008.
229 Seiten, kartoniert
ISBN 978-3-8252-1253-7

Karl-Wilhelm Niebuhr (Hg.)
Grundinformation
Neues Testament
Eine bibelkundlich-theologische
Einführung
UTB 2108
In Zusammenarbeit mit Michael Bachmann,
Reinhard Feldmeier, Friedrich Wilhelm Horn
und Matthias Rein. 3., überarb. und erw.
Auflage 2008. 473 Seiten mit 8 Abb. und 20
Tab., kartoniert. ISBN 978-3-8252-2108-9

Vandenhoeck & Ruprecht

UTB – Uni-Taschenbücher | V&R

Gunda Schneider-Flume
Grundkurs Dogmatik
Nachdenken über Gottes Geschichte

UTB 2564
2., durchges. Auflage 2008. 414 Seiten,
kartoniert
ISBN 978-3-8252-2564-3

Rochus Leonhardt
Grundinformation Dogmatik
Ein Lehr- und Arbeitsbuch für das Studium
der Theologie

UTB 22143
3., völlig neu bearbeitete Auflage 2008.
496 Seiten mit 7 Abb., kartoniert
ISBN 978-3-8252-2214-7

Michael Meyer-Blanck /
Birgit Weyel
**Studien- und Arbeitsbuch
Praktische Theologie**

UTB 3149
2008. Ca. 272 Seiten, kartoniert
ISBN 978-3-8252-3149-1

Anna-Katharina Höpflinger / Ann
Jeffers / Daria Pezzoli-Olgiati (Hg.)
**Handbuch Gender und
Religion**

UTB 3062
2008. 342 Seiten mit 38 Abb., kartoniert
ISBN 978-3-8252-3062-3

Bernd Moeller
**Geschichte des Christentums
in Grundzügen**

UTB 905
9., überarbeitete Auflage 2008. 436 Seiten,
kartoniert. ISBN 978-3-8252-0905-6

Markus Mühling
**Grundinformation
Eschatologie**
Systematische Theologie aus der
Perspektive der Hoffnung

UTB 2918
2007. 352 Seiten, kartoniert
ISBN 978-3-8252-2918-4

Wolfgang Sommer / Detlef Klahr
**Kirchengeschichtliches
Repetitorium**
Zwanzig Grundkapitel der Kirchen-,
Dogmen- und Theologiegeschichte. Mit
Lernfragen auf CD-ROM von M. Nieden

UTB 1796
4. Auflage 2006. 295 Seiten und 1 CD-ROM,
kartoniert. ISBN 978-3-8252-1796-9

Susanne Heine
**Grundlagen der Religions-
psychologie**
Modelle und Methoden

UTB 2528
2005. 442 Seiten mit 10 Abb., kartoniert
ISBN 978-3-8252-2528-5

Vandenhoeck & Ruprecht